심사위원 추천

소나티나 &
콩쿠르 곡집

1

그래서음악

# 서문

　　처음 피아노를 시작하는 입문자 및 저학년에게는 기초가 중요합니다. 특히 어린 아이들일수록 먼저 리듬감과 음악성을 길러주는 것이 필요하고, 점차 테크닉적으로 발전시키며 표현력을 증진시키는 것이 좋습니다. 그래서 음악의 기본기를 다지기 위해 구조가 탄탄한 소나티나와 소나타를 익히면서 다른 스타일의 곡들을 병행하는 것이 공부에 깊이와 즐거움을 더해갈 수 있습니다.

　　이 악보집에는 콩쿠르에서 돋보일 수 있는 리듬감, 음악성, 테크닉 등의 요소를 두루 갖춘 연주 효과가 좋은 곡들을 담았습니다. 콩쿠르에서는 가급적 연주자의 장점은 최대한 살리고 단점은 줄여야 높은 점수를 받을 수 있습니다. 곡이 화려하고 멋있으면 어느 정도 곡의 효과를 볼 수는 있지만 테크닉적으로 충분히 소화하지 못하면 오히려 감점의 요인이 될 수 있으니 학생의 테크닉 수준과 성향 및 표현력에 잘 맞는 곡으로 연주해야 좋은 상을 받을 가능성이 높아질 것입니다.

　　콩쿠르는 점수로 평가되는 자리이므로 심사의 기준이 있습니다. 한자리에서 수십에서 수백 명의 학생들을 심사해야 하는 심사위원에게는 어쩔 수 없이 감점 요인과 플러스 요인이 있게 마련입니다. 그러므로 악보에 표기된 음악기호 및 스크립트 등을 잘 체크해서 감점 요인을 최대한 줄이고, 플러스 요인을 늘려간다면 높은 점수를 받을 확률을 높일 수 있을 것입니다.

　　이 교재에 더해 저자의 저서 "음표를 넘어서 – 12주차별 피아노 레슨"을 병행하고, 저자의 레슨 및 연주 QR을 참고하면 더 심도 있는 공부에 도움이 될 것입니다. 이 교재를 통해 선생님들은 가르치는 보람과 기쁨을, 그리고 학생들은 음악이 주는 즐거움과 배움의 기쁨을 맛볼 수 있기를 희망합니다. 그럼 이 악보집의 구성 및 활용 방법에 대해 알려드리겠습니다.

악보집의 구성 및 활용 방법

• 레퍼토리

레퍼토리는 유행 타지 않고 늘 인기 있는 곡, 최근 유행하는 곡, 신선한데 듣기 좋고 효과 좋은 곡들을 모았습니다. 연주자도 재미있게 연주할 수 있고, 청중과 심사위원도 흥미롭게 들을 수 있는 효과적인 곡 위주로 레퍼토리를 구축하였습니다. 콩쿠르에서 좋은 성적을 얻기 위해서는 학생의 장점을 살릴 수 있는 곡으로 선곡하는 것이 유리합니다. 장기적으로는 아이들의 정서 발달 및 다양한 음악의 이해를 위해 다채로운 스타일의 곡을 익히는 것이 좋습니다.

• 곡의 길이 및 연주 시간

대부분 1~3분 길이의 곡으로 아이들이 익히기도 쉽고, 심사위원이 평가하기에 적절한 곡을 선곡했습니다. 곡의 길이가 1분 이내로 너무 짧으면 심사위원이 충분히 평가를 할 수 있는 요소가 적어지므로 이 악보집에서는 1분 이상이 되는 곡들로 선곡했습니다.

• 도돌이표

연주 길이가 3분이 넘는 고전 소나타에서의 도돌이표는 콩쿠르에서는 생략하지만, 1분 내외의 짧은 곡은 도돌이표가 있는 경우 반복 연주할 것을 제안합니다. 그리고 짧거나 반복이 많은 곡일수록 악상이나 아티큘레이션 또는 페달링 등 음악적 표현 방식에서 변화를 주면 더 좋은 점수를 얻을 수 있다는 점도 참고해 주세요.

저자 해석 및 악보 표기 활용법

• 심사평 포인트 레슨

심사위원이 콩쿠르 평가서에 자주 작성하게 되는 문구를 각 곡 레슨 포인트 스크립트로 작성했습니다. 심사위원의 평가 팁이자 레슨 팁이니 잘 익혀주세요.

1. 공부할 내용 - 곡의 특징을 잘 살리기 위해 표현해야 할 것들

2. 주의하세요 - 흔히 하는 실수 및 감점 요인을 줄이기 위해 신경 써야 하는 것들

3. 효과 만점 - 플러스 요인이 될 수 있는 연주 효과를 높이기 위한 팁

악보에 표기된 페달, 악상, 손가락 번호, 템포의 메트로놈 숫자, 아티큘레이션 등은 연주자이자 음악 교육자인 피아니스트 이종은이 직접 연주해보고 학생들을 가르쳐 본 경험에 의거해서 기입했습니다. 편저자의 음악적 해석을 더해 학생들에게 레슨 때 기입하듯이 표기하였습니다.

• 손가락 번호

손가락 번호는 테크닉의 기반이 되는 것으로, 그에 의해 깔끔한 연주 및 좋은 소리가 결정되기도 합니다. 악보에 적혀 있는 번호를 참고하되, 학생의 손 크기와 구조 및 유연성 정도에 따라 대체 가능합니다. 특히 손이 작거나 어린 학생들은 옥타브나 여러 음을 연주하는 게 힘든 경우, 단음 연주 또는 같은 화성 내 일부의 음을 생략하거나 대체 음을 넣어서 연주하는 것도 가능합니다.

('음표를 넘어서' 4주차 운지법 참고)

• 아티큘레이션과 프레이징

악보에 아티큘레이션은 섬세하게 표현하였으나, 프레이징 기호는 생략한 경우가 많습니다. 대부분의 음악이 4마디 또는 8마디 단위로 프레이즈가 나뉘니, 각 음들의 아티큘레이션(음의 연결과 끊는 것)과 음악의 프레이즈 흐름도 같이 표현해서 연주해 주세요.

('음표를 넘어서' 2주차 아티큘레이션, 3주차 멜로디를 아름답게 프레이즈 참고)

• 악상

악상을 충분히 살려서 치면 연주 효과가 좋습니다. 시중의 대부분의 악보가 원곡자에 의한 표기가 아닌 경우, 다양한 피아니스트와 음악 교육자 및 평론가들의 시대적 음악 해석에 더해 개인적 취향이 반영되어 있는 경우가 많습니다. 일부 다른 해석을 원하시면 원판 악보나 다른 편저자의 악보를 함께 참고하는 것도 가능합니다.

('음표를 넘어서' 2주차 악보 읽기2, 6주차 악상 참고)

• 페달

깔끔하면서도 세련되며 효과 좋은 페달링으로 표기했습니다. 같은 페달 표기라도 학생의 연주 템포에 따라 느릴수록 조금 더 섬세하고 풍성하게, 빠를수록 더 가볍게 밟아주세요. 곡 내 반복되는 부분이 나올 때 페달 표기가 표기되어 있지 않은 경우는 앞에 나온 부분과 똑같이 밟아주거나, 다른 해석의 페달 사용도 가능합니다.

('음표를 넘어서' 9주차 페달 참고)

• 템포(빠르기)

메트로놈 숫자 표기는 숙련된 연주가 기준으로 작성한 것이니 참고하여 가능한 학생들은 비슷한 템포로 연주하고, 그렇지 않은 학생들은 곡의 캐릭터를 크게 바꾸지 않는 선에서 템포를 낮추어서 연주하는 것도 무방합니다. 무리해서 템포를 올려 음들이 고르지 않거나 급하게 치는 것보다는 안정된 템포로 깔끔하게 연주하는 것이 더 좋습니다. 그리고 곡 내 캐릭터가 변하는 곳은 약간의 템포 변화가 필요할 수 있습니다.

('음표를 넘어서' 7주차 템포 참고)

Allegro marziale (♩ = 152)
p

Rondo
Allegro moderato (♩. = 72)
mf

Vivace (♩. = 112)
mp

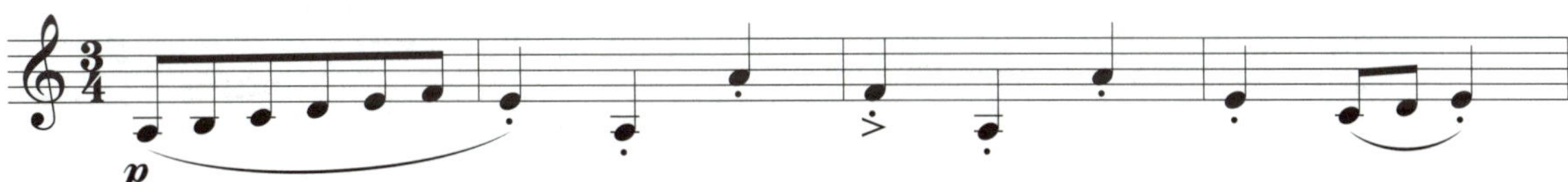

Allegro animato (♩. = 100)
p

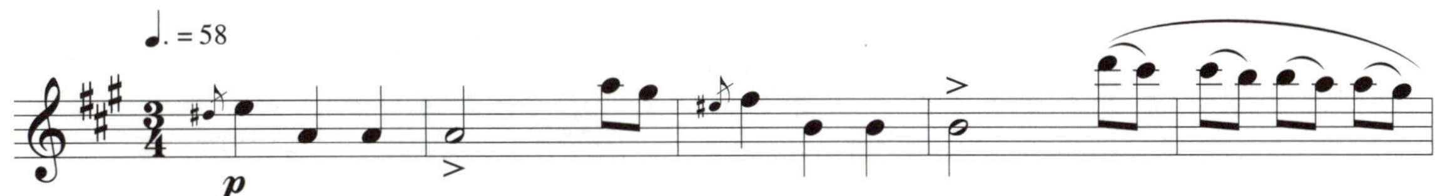

♩. = 58
p

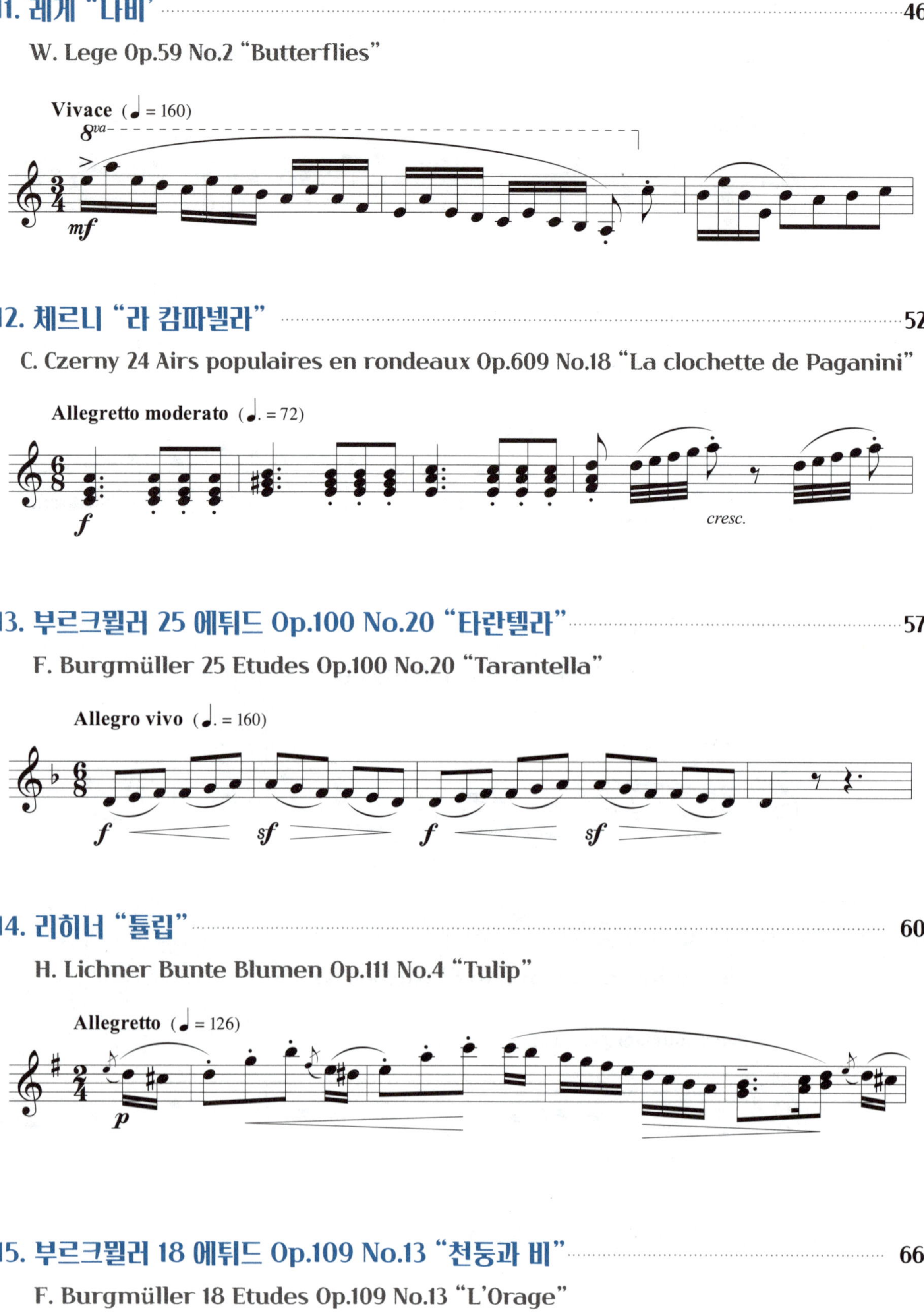

Con brio (♩. = 80)
p

Allegro molto (♩ = 138)
f
fz
f
fz
mp

Molto vivace (♩ = 184)
3
p
3

Vivo (♩. = 192)
p
f

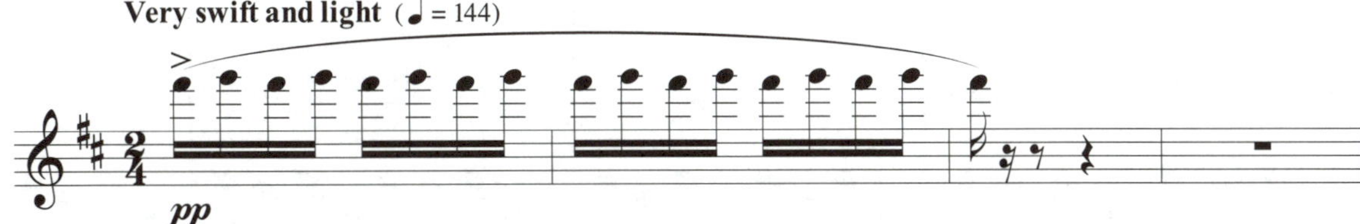

Very swift and light (♩ = 144)
pp

디아벨리 소나티나 Op.168 No.2 1악장

A. Diabelli Sonatina in G Major Op.168 No.2 1st Mov.

Antonio Diabelli
(Ostria, 1781~1858)

Allegro moderato (♩ = 138)

1. 공부할 내용   감정을 풍부하게 표현하며, 첫 박을 눌러서 노래해 주세요.
2. 주의하세요   양손을 잘 맞춰서 연주하세요.
3. 효과만점   슬러와 프레이즈의 끝 음들은 부드럽게 처리해 주세요.

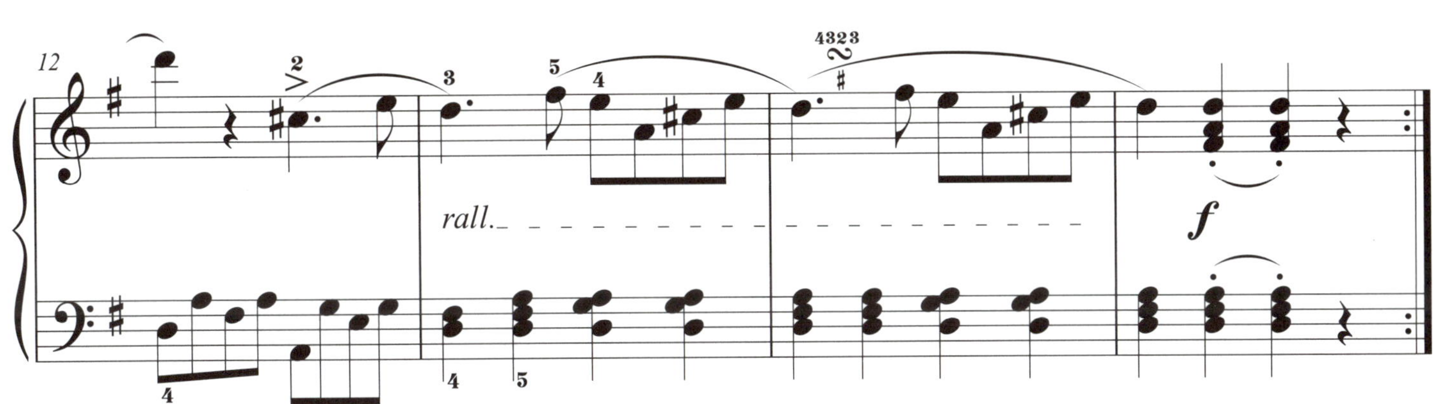

rall.
f

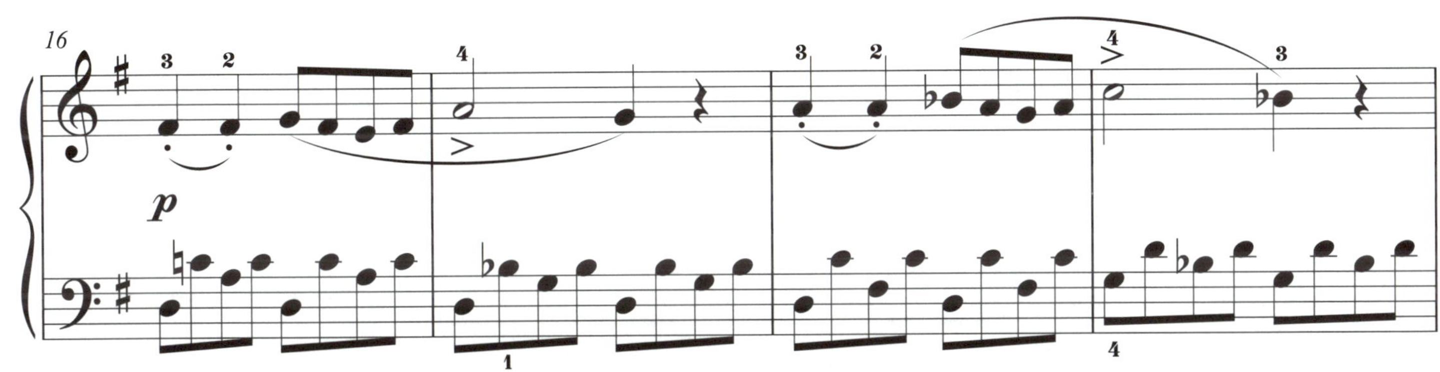

p

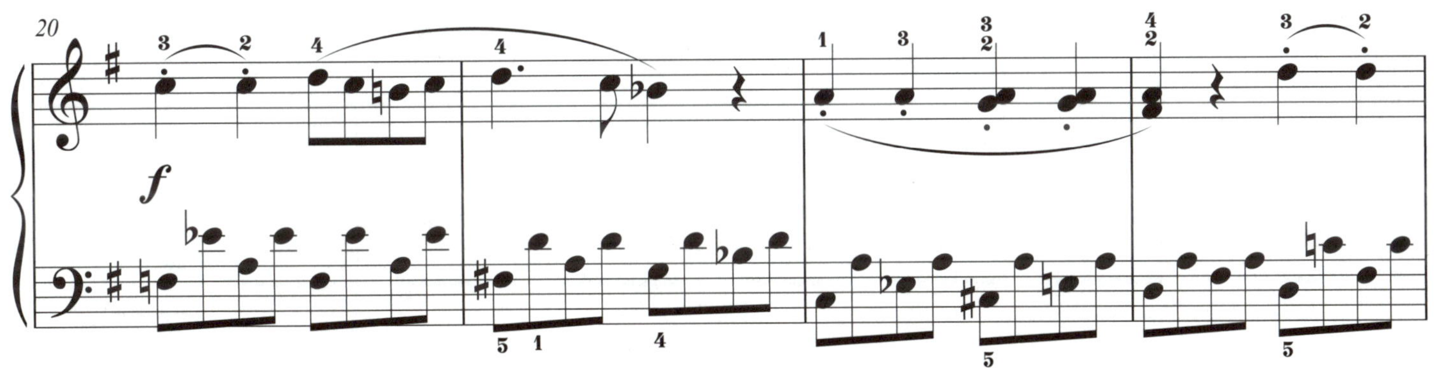

f

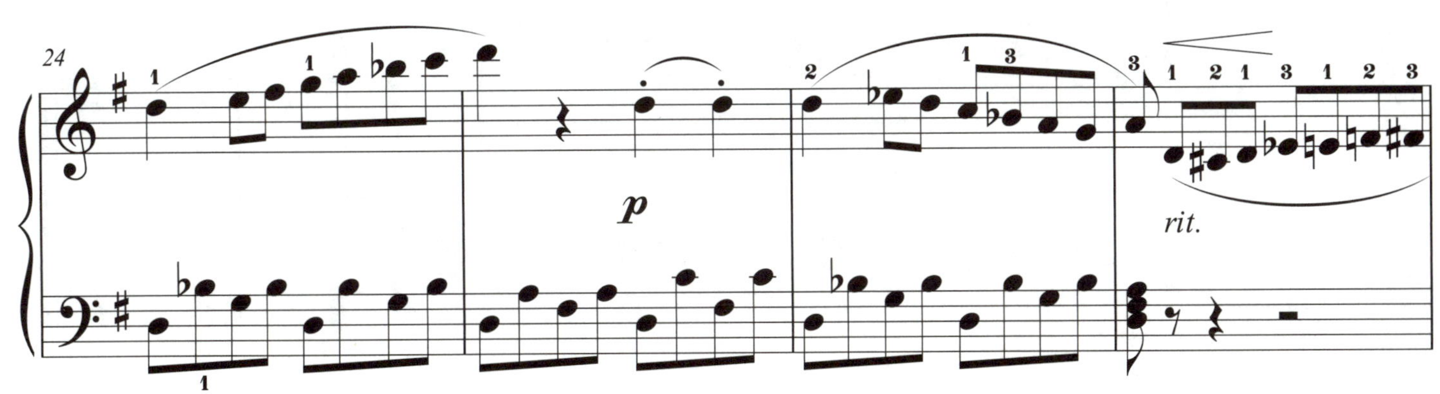

p
rit.

벤다 소나티나 3번

J. Benda Sonatina No.3 Allegro in a minor

Jiří Antonín Benda
(Czech, 1722~1795)

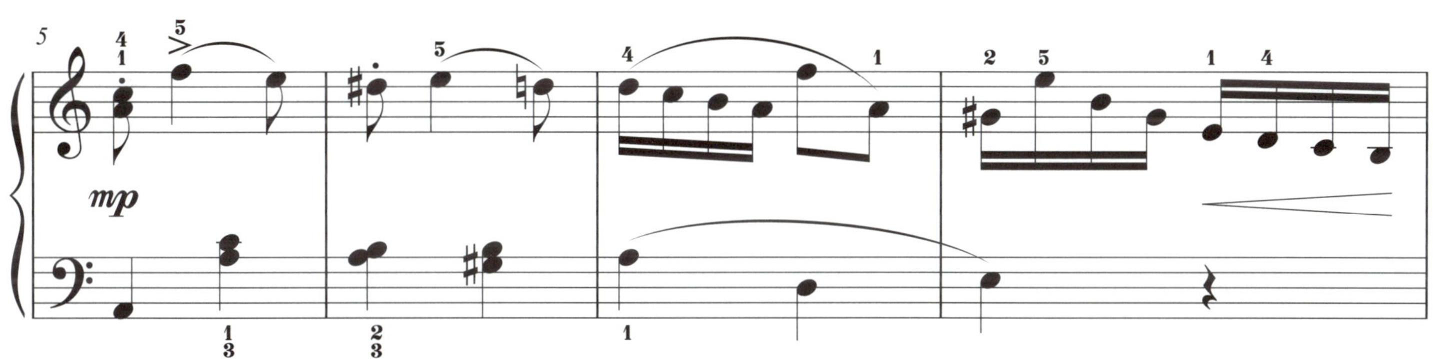

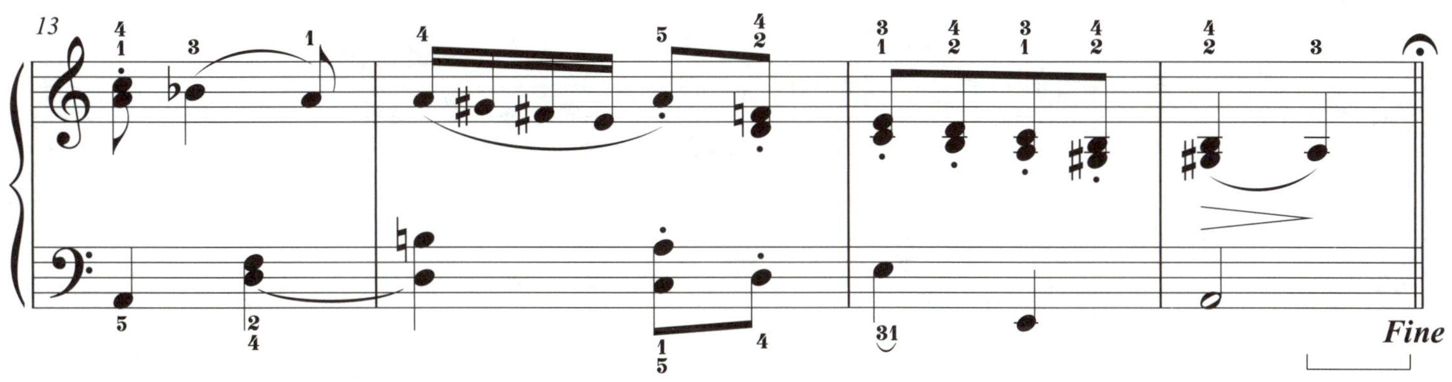

17
p leggiero
simile

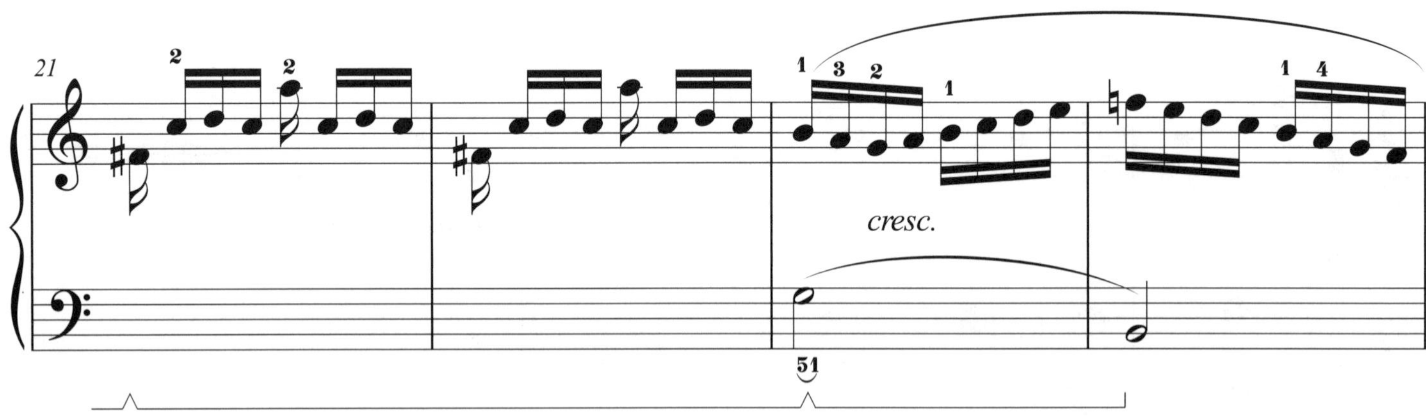

21
cresc.

25
f

29

1. **공부할 내용**　　양손의 주고받는 아르페지오 음도 아름답게 노래해 주세요.

2. **주의하세요**　　양손의 움직임을 한 손처럼 매끄럽게 치고, 오른손 윗소리와 중간부 왼손 멜로디 음을 잘 뽑아내 주세요.

3. **효과 만점**　　다양한 아티큘레이션과 악상 표현 충분히 살려서 연주하세요.

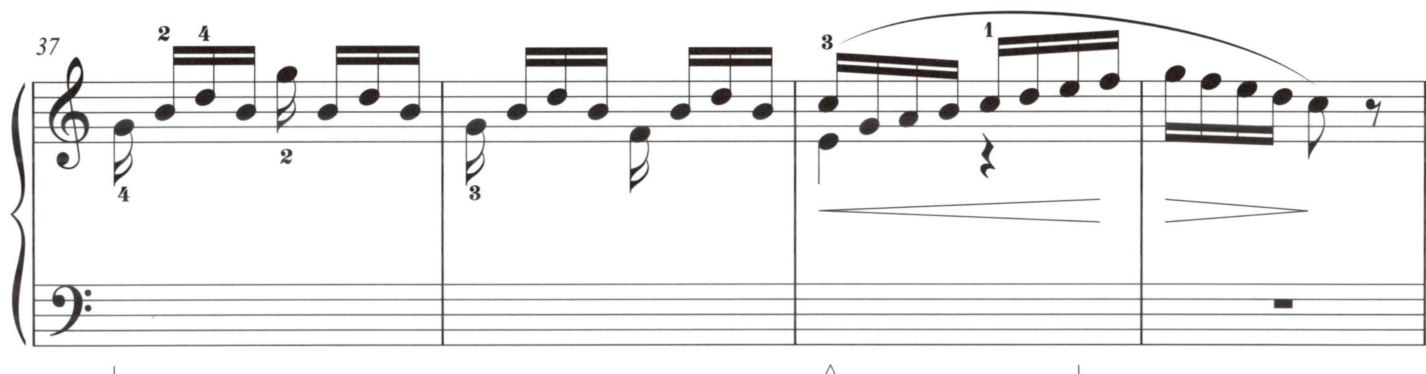

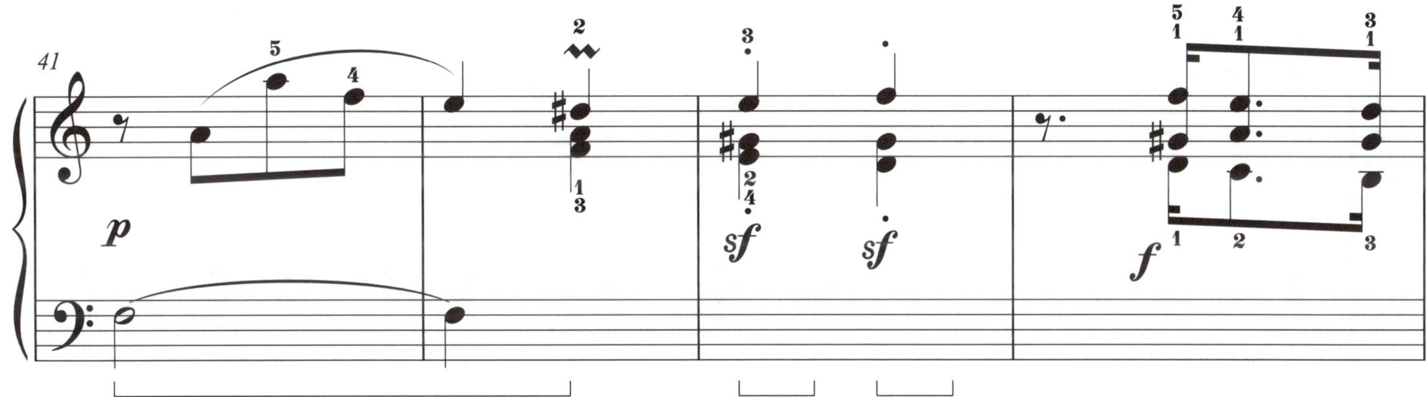

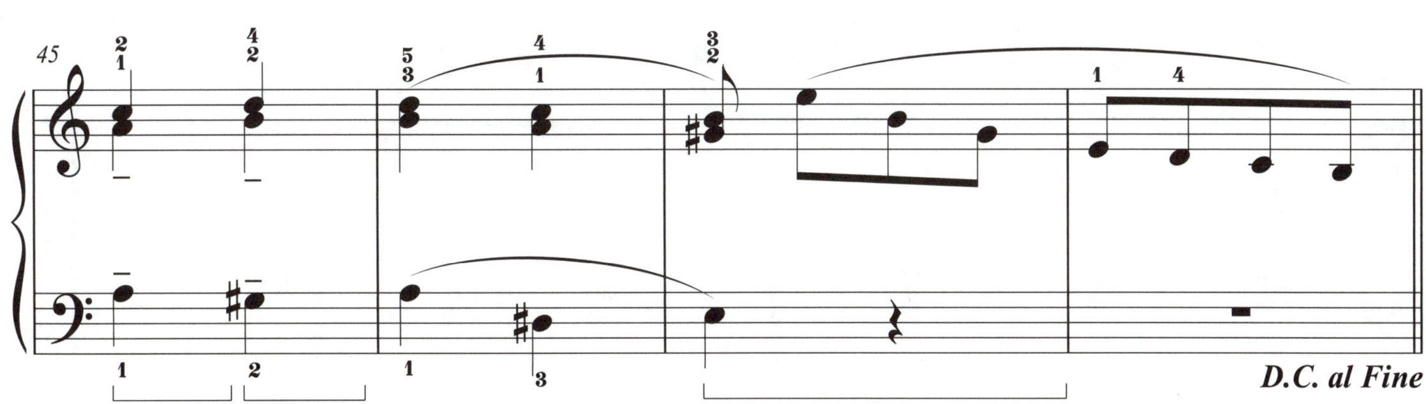

디아벨리 소나티나 Op.168 No.3 3악장

A. Diabelli Sonatina Op.168 No.3 3rd Mov.

Antonio Diabelli
(Ostria, 1781~1858)

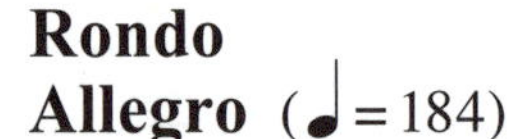

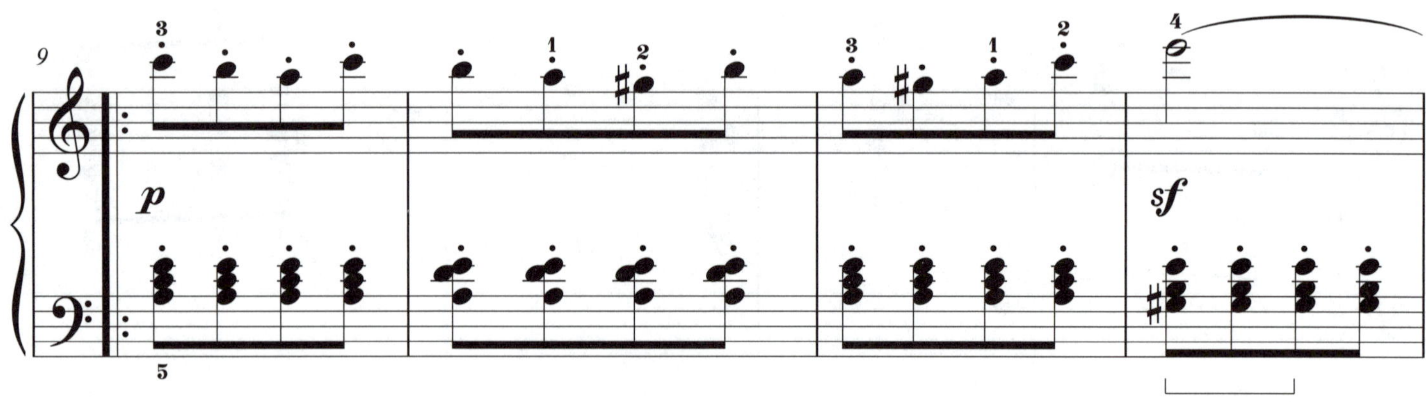

1. 공부할 내용   밝고 경쾌하며 톡톡 튀는 느낌을 살려 가볍게 연주하세요.
2. 주의하세요   빠르지만 급하지 않게 치고, 마지막 16분음표 느려지지 않게 해서 고르게 끝까지 완성해 주세요.
3. 효과 만점   악상을 충분히 살려서 *p* 와 *f* 부분이 서로 대비되게 표현해 주세요.

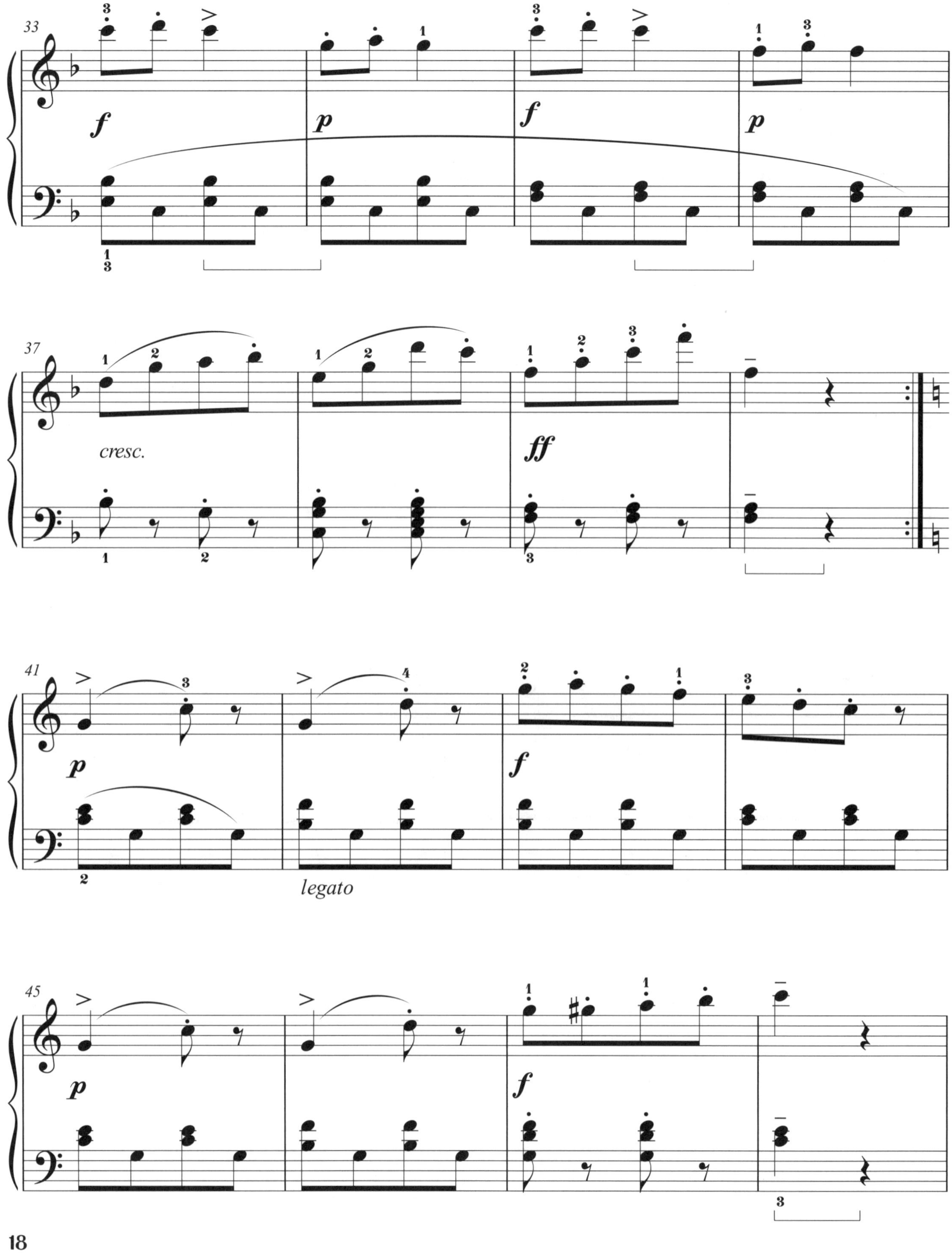
33
f
p
f
p
37
cresc.
ff
41
p
legato
f
45
p
f

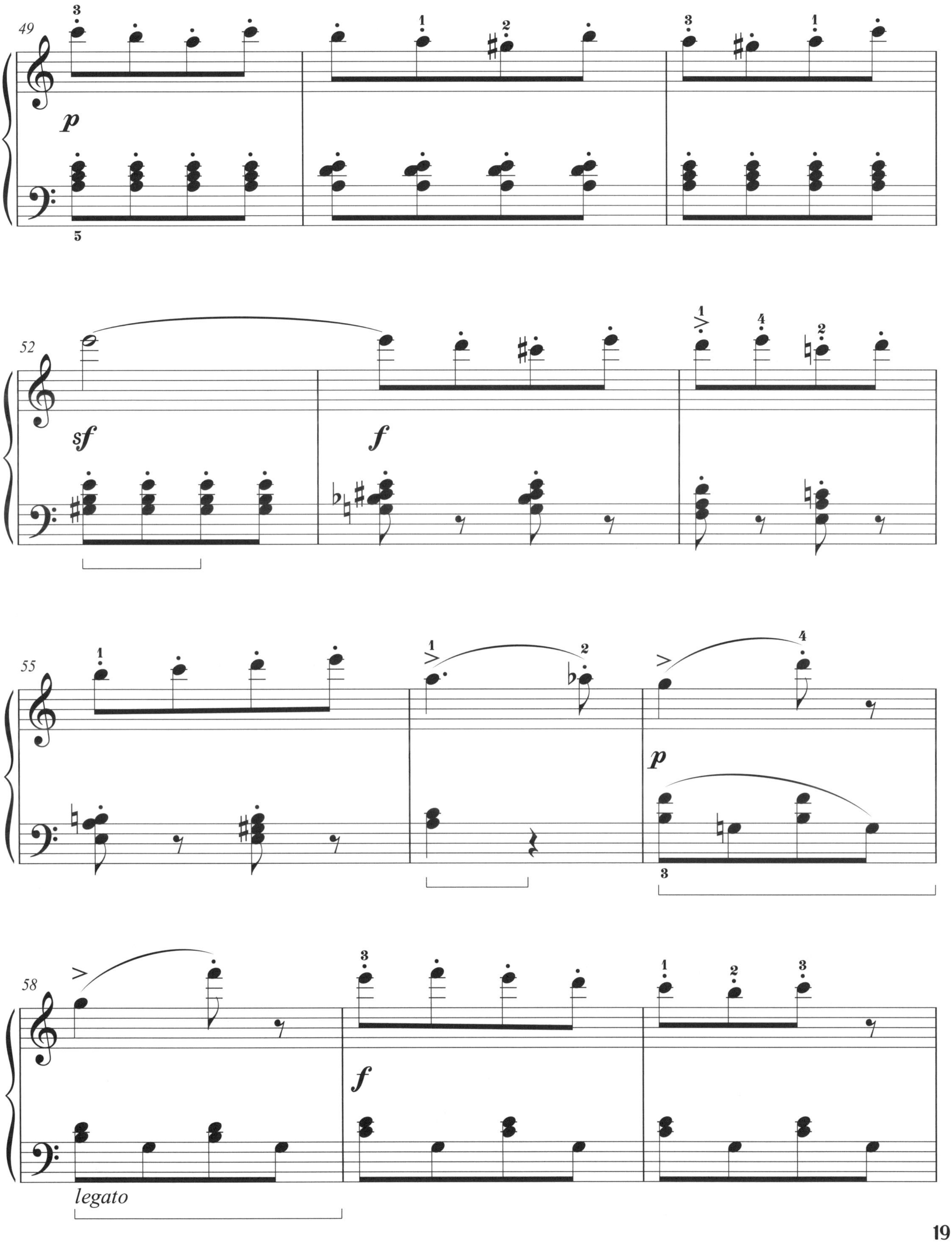
49
p
52
sf
f
55
p
58
f
legato

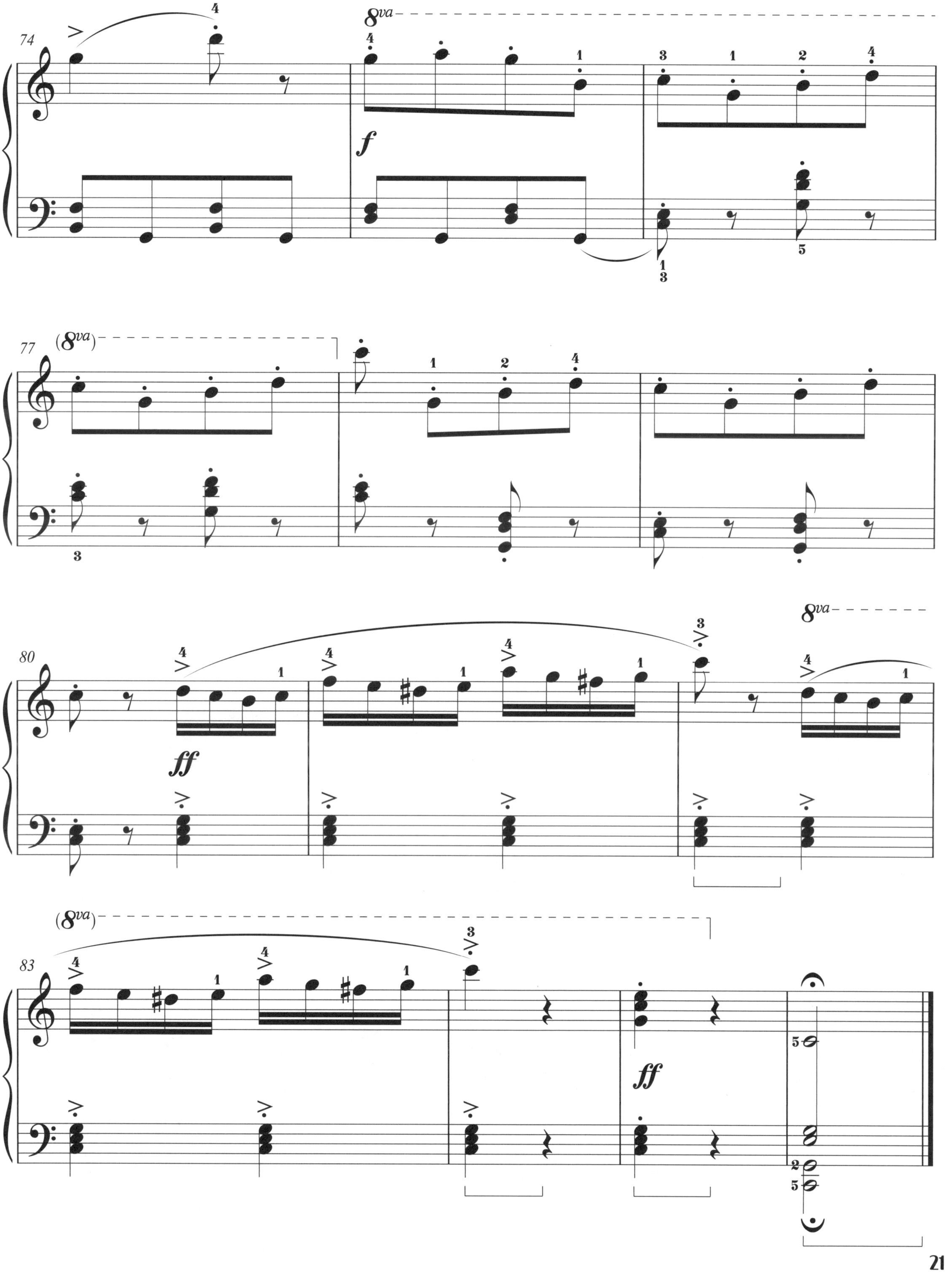
74
8va
f
77
(8va)
80
ff
8va
83
(8va)
ff

04 하슬링거 다장조 소나티나 2악장

T. Haslinger Sonatina in C Major 2nd Mov.

Tobias Haslinger
(Ostria, 1787~1842)

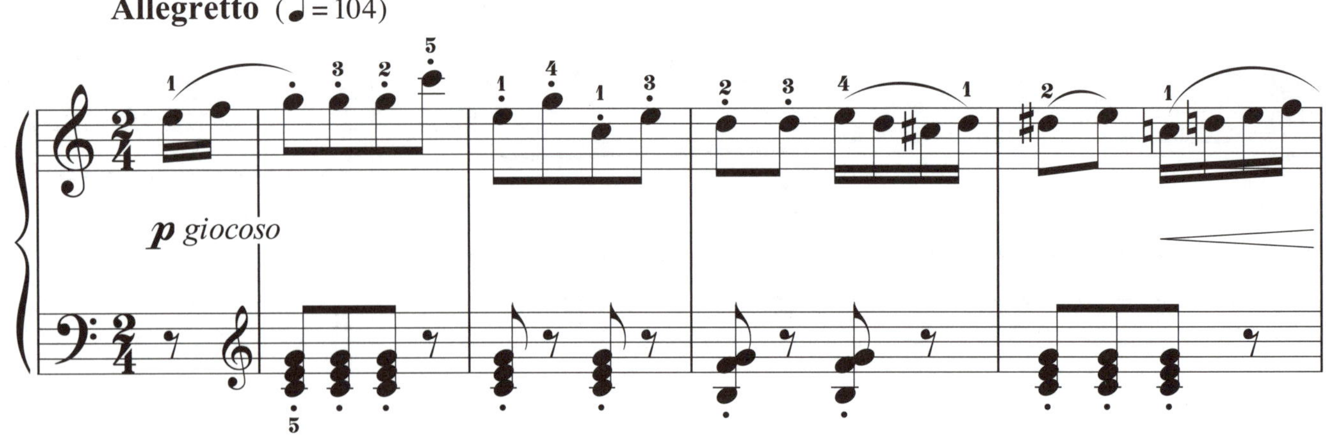

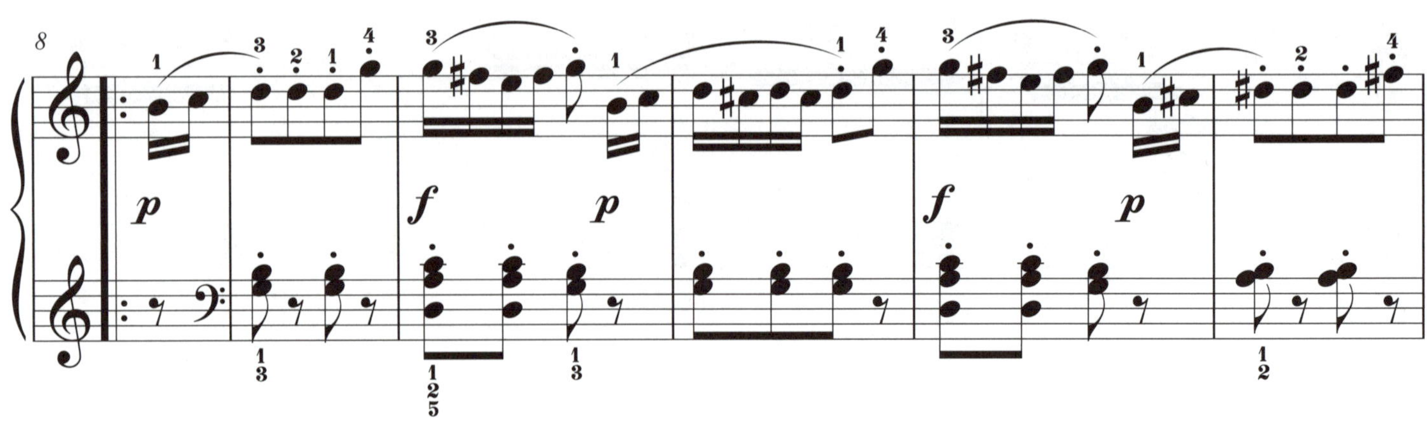

1. 공부할 내용   못갖춘마디이므로 약박으로 들어가고, 첫 박 강박 충분히 느끼고 쳐보세요.
2. 주의하세요   왼손 반주가 오른손보다 크고 씩씩하지 않게 주의하세요.
3. 효과 만점   악상 대비를 분명하게 표현하여 프레이즈 간 서로 대화 나누듯이 연주해 보세요.

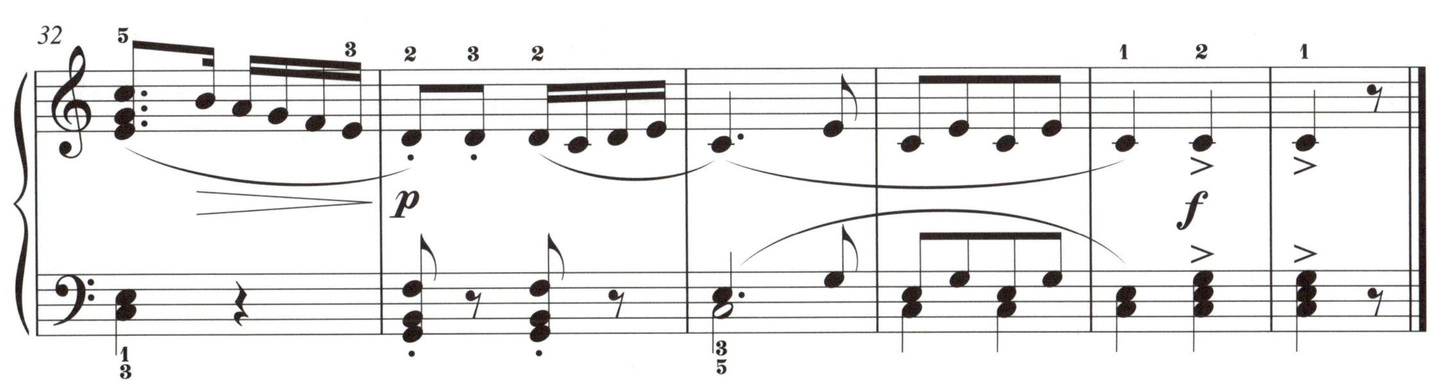

05 리히너 소나티나 Op.266 No.1 3악장

H. Lichner Sonatina Op.266 No.1 3rd Mov.

Heinrich Lichner
(Germany, 1829~1898)

1. **공부할 내용**　　가볍고 밝은 느낌의 곡을 아름답게 표현해 보세요.

2. **주의하세요**　　템포 일정하게 유지하고, 특히 왼손에서 멜로디가 나올 때 둔하고 느려지지 않게 주의하세요.

3. **효과 만점**　　못갖춘마디 시작 음들은 가볍게 들어가고, 악상 변화를 충분히 살려서 연주하세요.

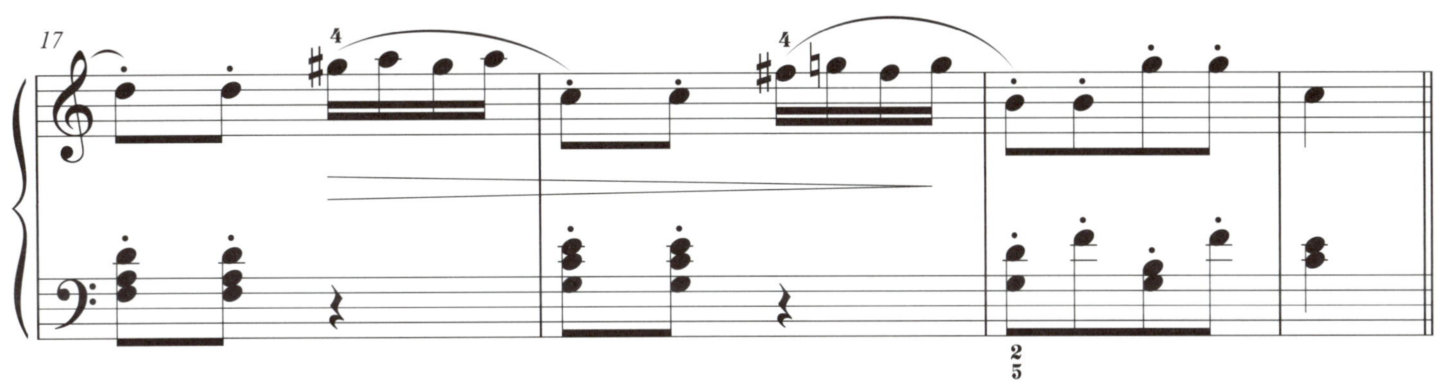

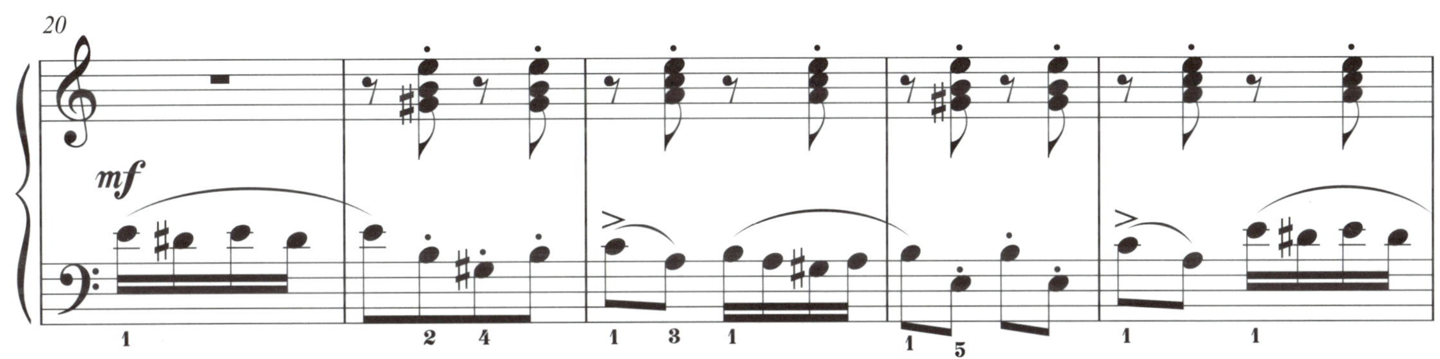

33
p
37
cresc.
f
mp
41
cresc.
f
44
p leggiero

49
53
mf
57
3
mp
61
4
4
Fine

p dolce
legato
3
8va
mf
(8va)
mf
mp
D.C. al Fine
28

06

부르크뮐러 25 에튀드 Op.100 No.25 "승마"

F. Burgmüller 25 Etudes Op.100 No.25 "La Chevaleresque"

Friedrich Burgmüller
(Germany, 1806~1874)

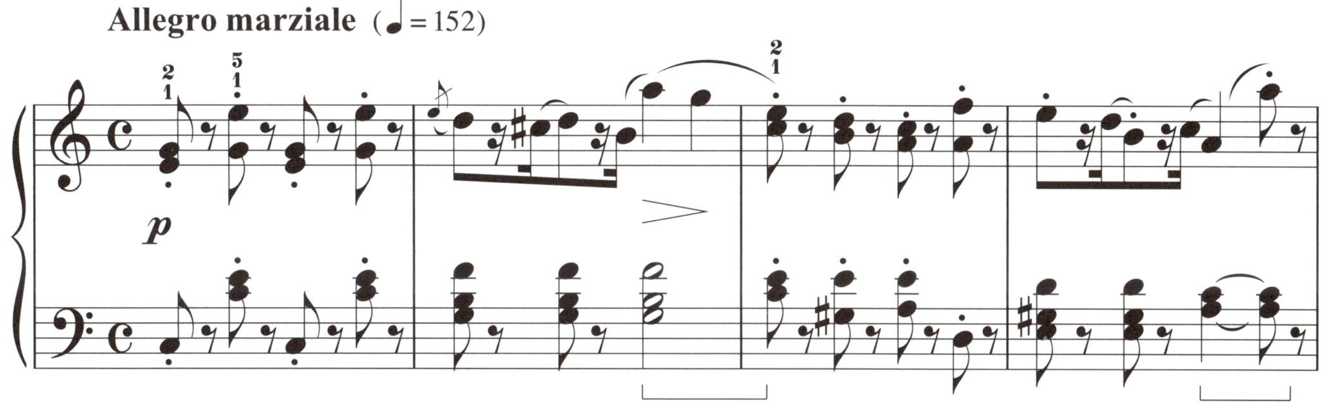

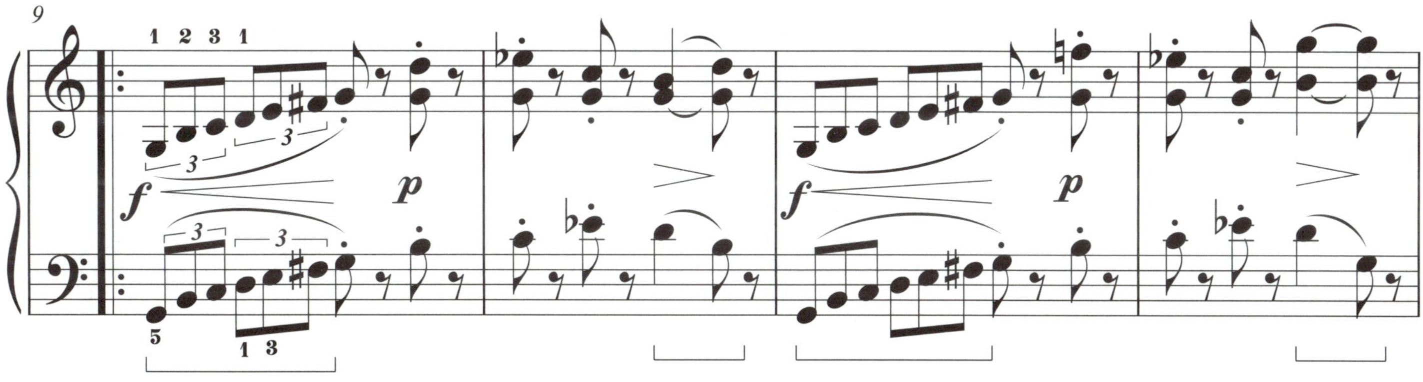

17
p delicato
8va
(8va)
21
cresc.
24
p
28
cresc.

1. 공부할 내용   밝고 경쾌하게 연주하며, 오른손 윗소리를 멜로디로 노래하고, 나머지 코드 음은 가볍게 치세요.

2. 주의하세요   리듬이 변할 때 템포가 느려지지 않게 하고, 부점의 짧은 음도 잘 발음해 주세요.

3. 효과 만점   악상과 아티큘레이션을 정확히 지켜서 다양한 캐릭터를 표현해 주세요.

p
cresc.
f
p
cresc.
f
cresc. assai
ff
Fine

07

모차르트 런던 스케치북 16번

W. A. Mozart London Sketch Book No.16 k.15d

Wolfgang Amadeus Mozart
(Ostria, 1756~1791)

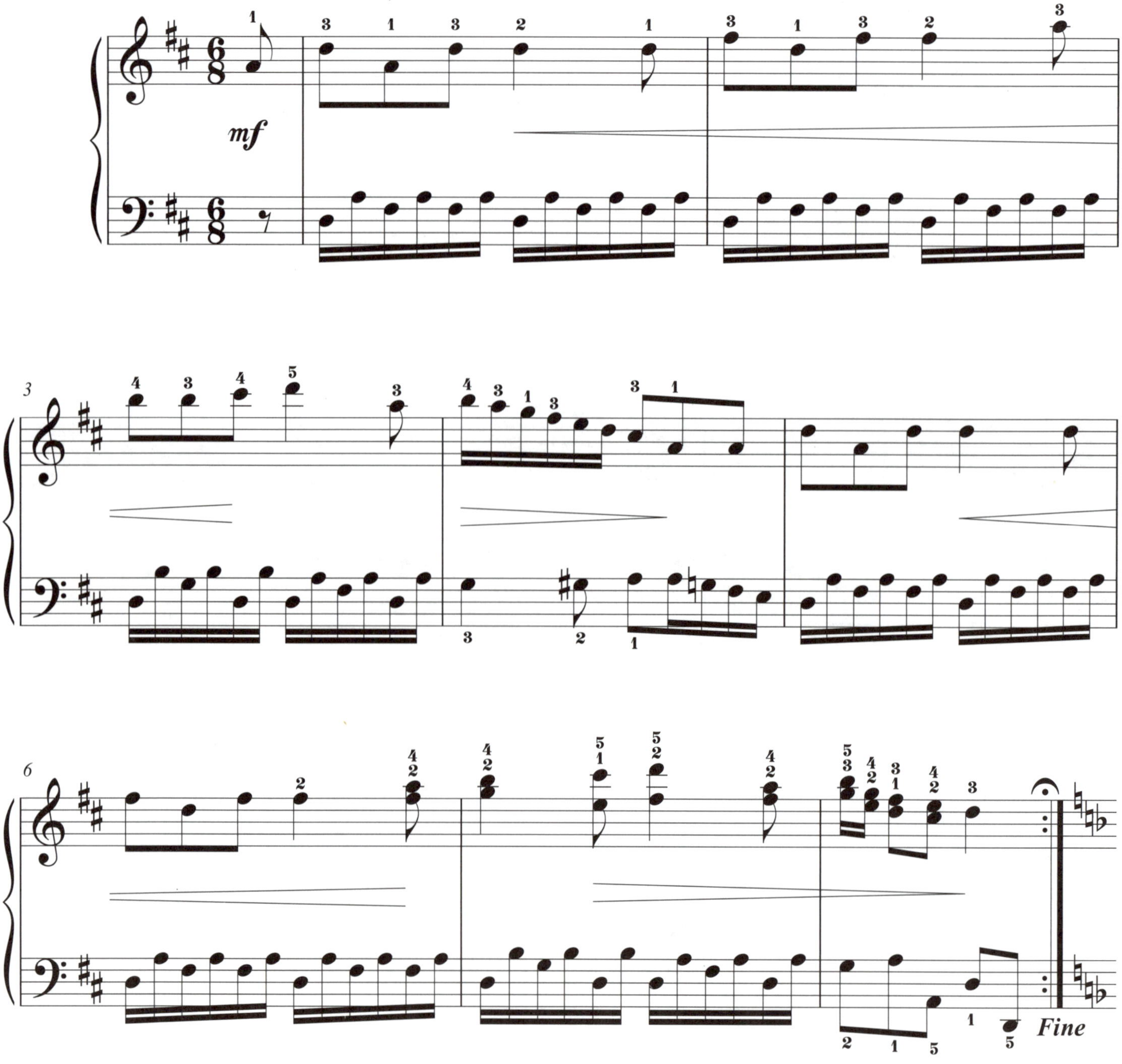

1. **공부할 내용**	$^6_8$ 박자의 리듬을 잘 타면서 연주하고, 왼손의 베이스 음들은 5번 손가락 핑거 페달을 사용해 주세요.
2. **주의하세요**	양손을 잘 맞춰서 연주하세요.
3. **효과 만점**	화음 내 윗소리나 변하는 음을 멜로디로 나타내고, 반복 연주 시 악상이나 아티큘레이션에 변화를 주어 연주해 보세요.

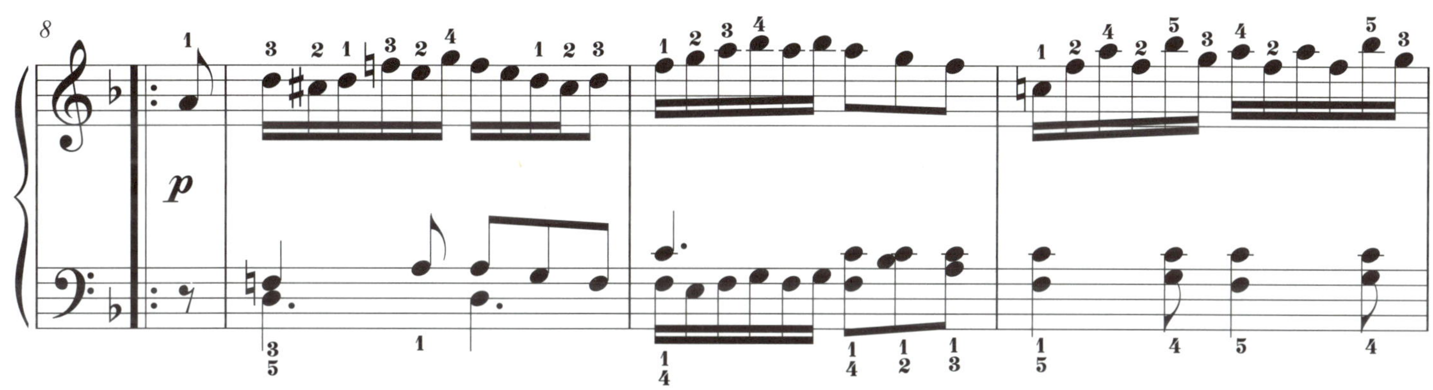

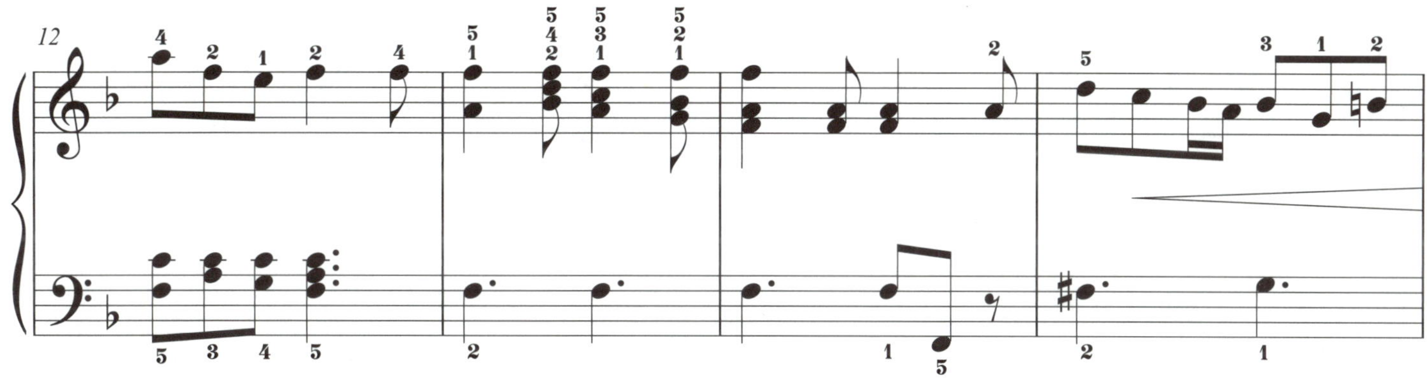

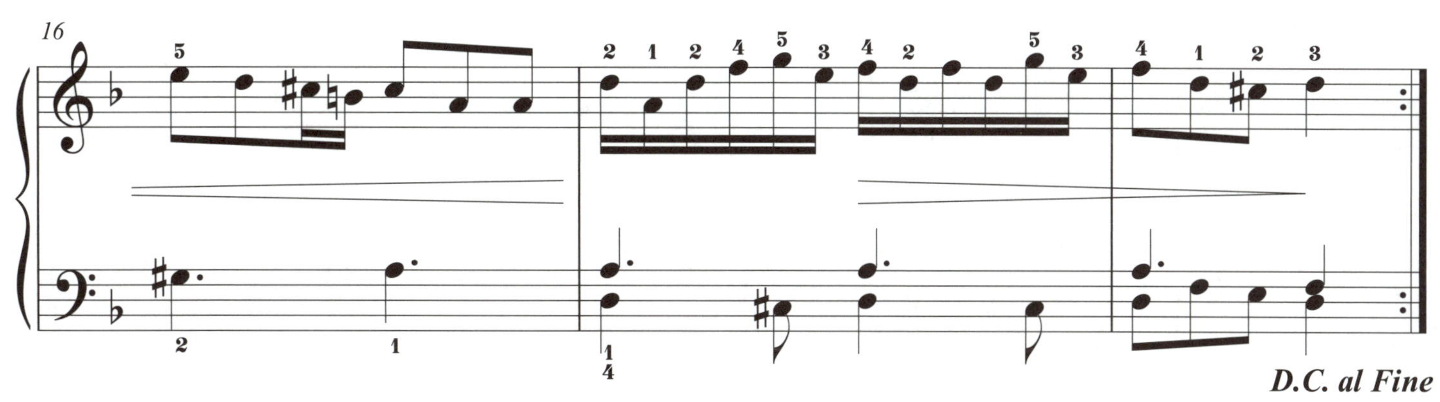

08

구를리트 스케르초

G. Gurlitt Albumblätter für die Jugend Op.101 No.16 Scherzo

Gustav Cornelius Gurlitt
(Germany, 1820~1901)

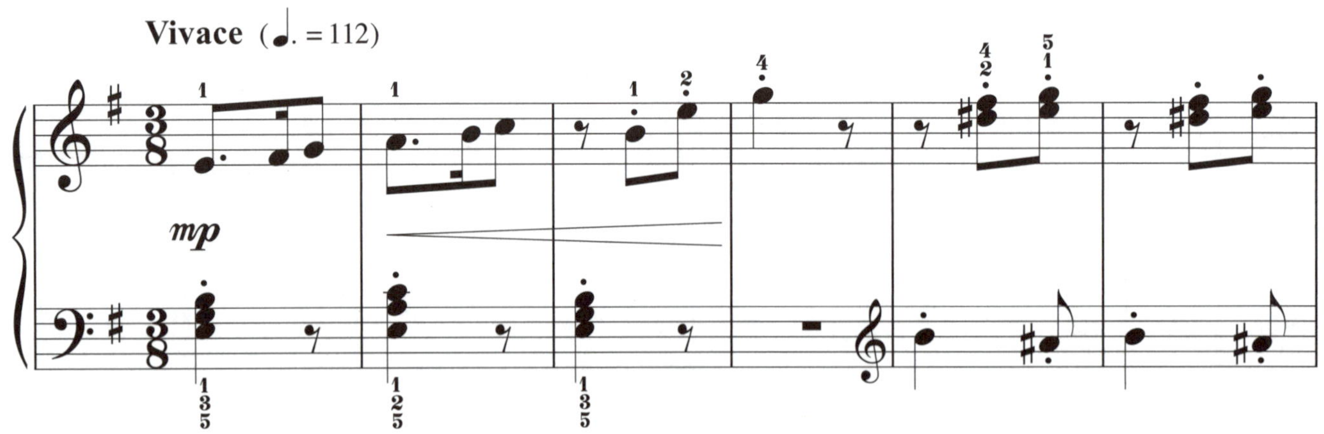

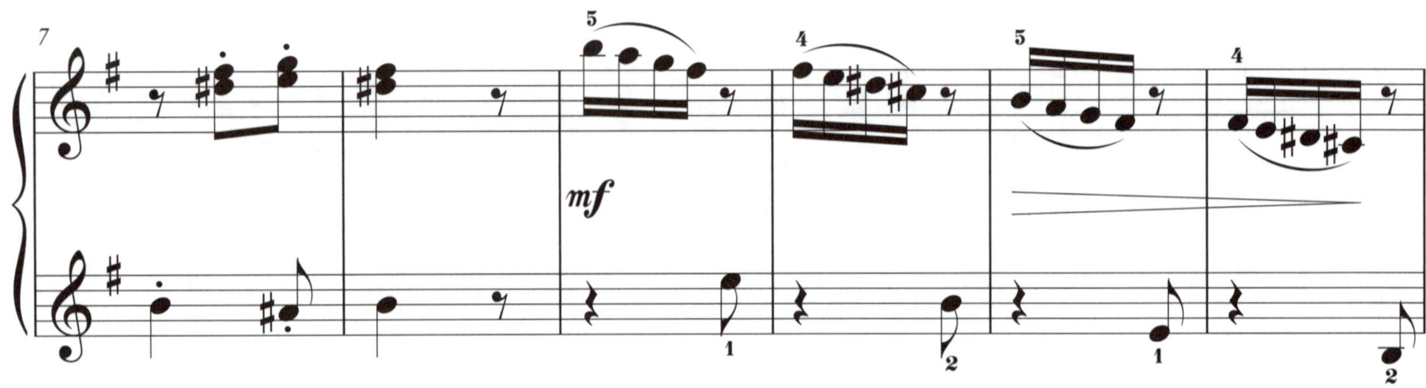

1. 공부할 내용
경쾌하고 리드미컬한 A부분과 평화로운 중간부 B가 대비되도록 연주하세요.
2. 주의하세요
16분음표 스케일류가 고르게 발음되도록 독립된 손가락 움직임에 신경 써 주세요.
3. 효과 만점
4마디 단위로 대화를 주고받듯이 표현해 보세요.

tranquillo

89
mf
94
5
più f
100
mp
105
f
cresc.

110
ff
115
tranquillo
p
121
decresc.
127
perdendosi.
pp

09 쿨라크 "마녀의 춤"

E. Kullak 6 Tonstücke Op.4 No.2 "Witches Dance"

Ernst Kullak
(Germany, 1855~1914)

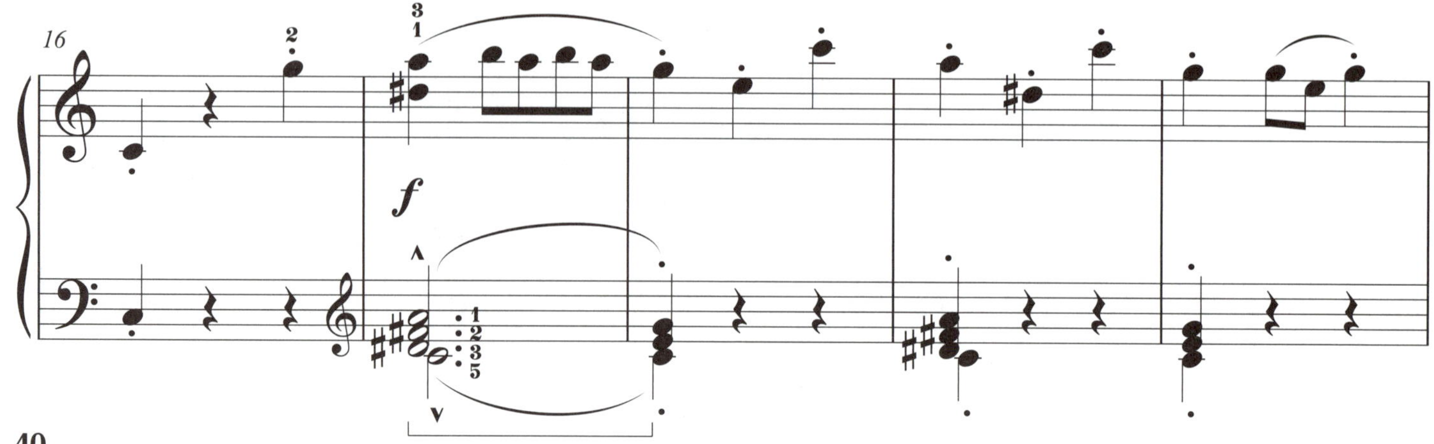

1. 공부할 내용   음산한 분위기의 단조 부분과 밝은 장조 부분이 대비되도록 연주하세요.
2. 주의하세요   8분음표가 고르게 발음되도록 신경 써 주세요.
3. 효과 만점   악상 잘 살리고, 유연성을 갖고 3/4 박자 리듬을 타면서 연주하세요.

f
f
cresc.
ff
p
poco rit.
a tempo
pp

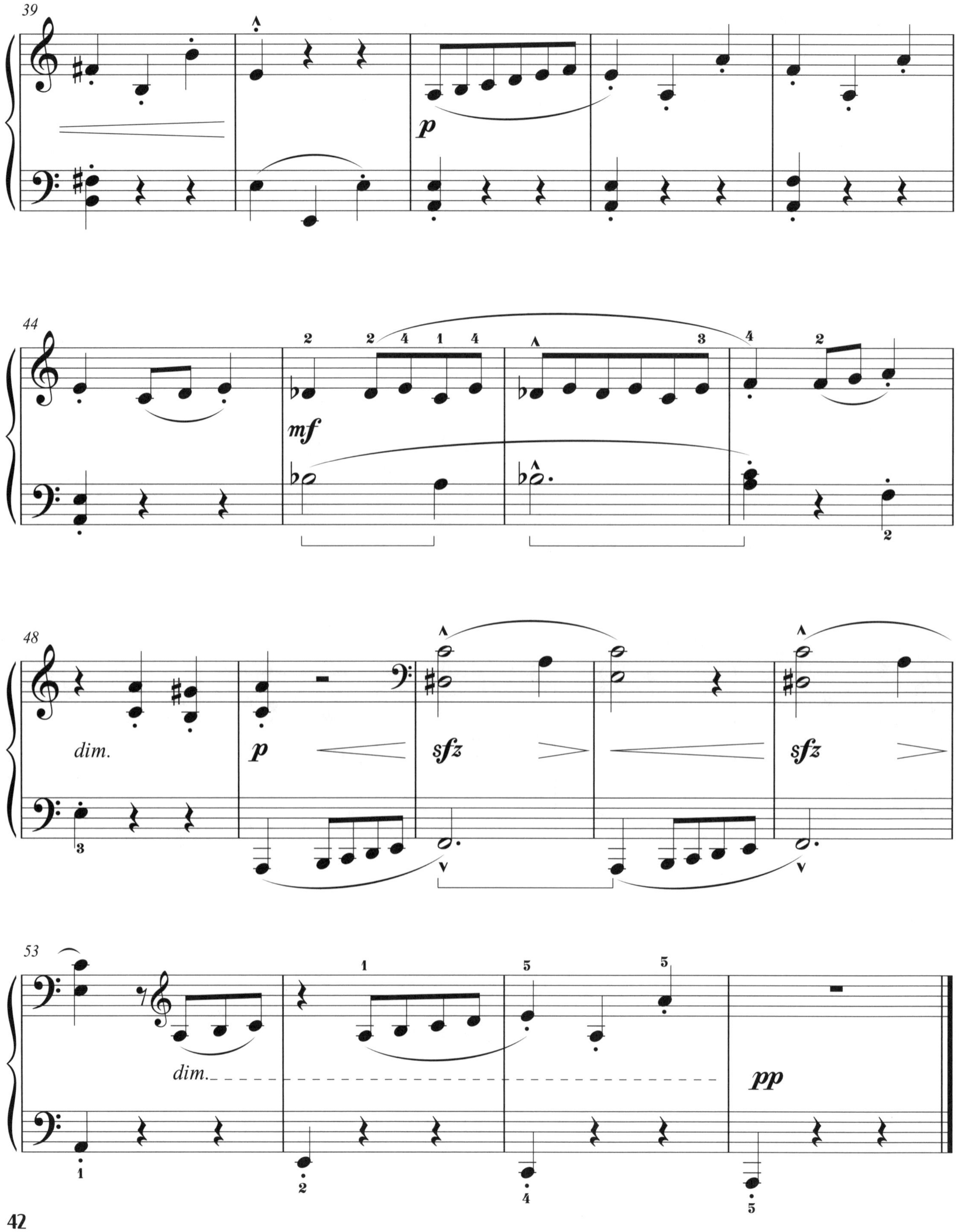
39
p
44
mf
48
dim.
p
sfz
sfz
53
dim.
pp

베버 가장조 왈츠 J.146 No.4

C. M. Weber 6 Waltzes J.146 No.4

Carl Maria von Weber
(Germany, 1786~1826)

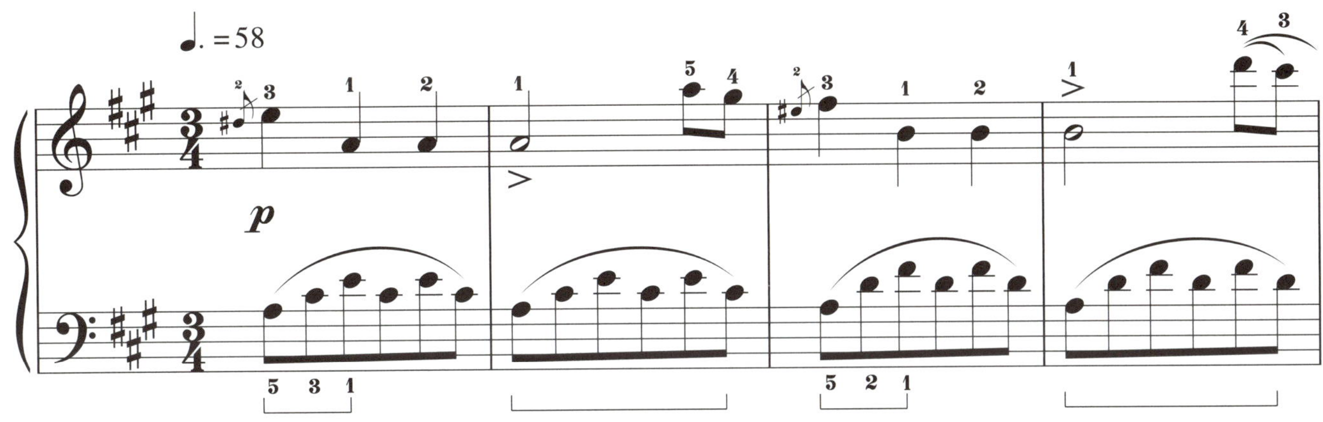

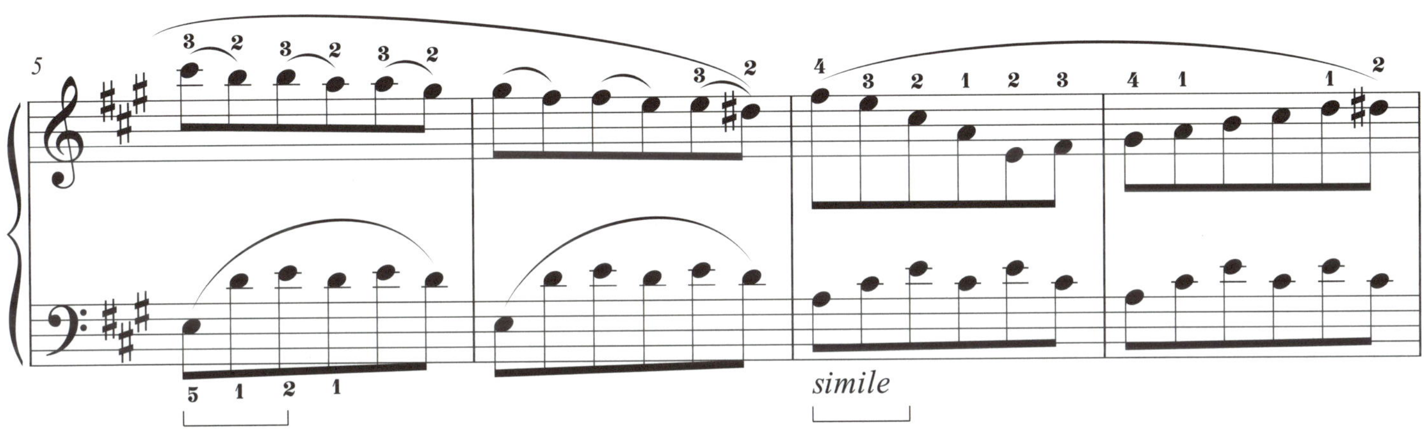

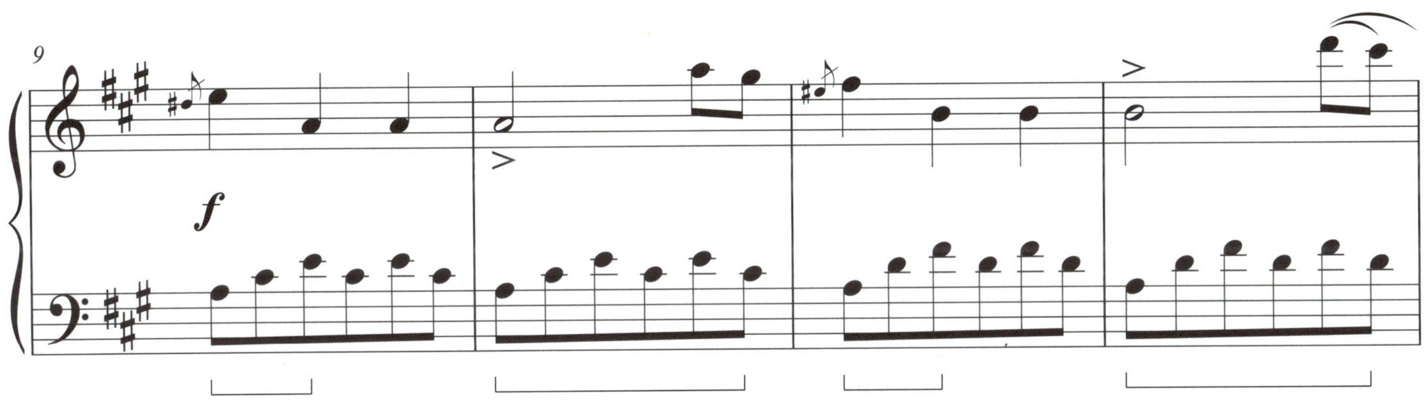

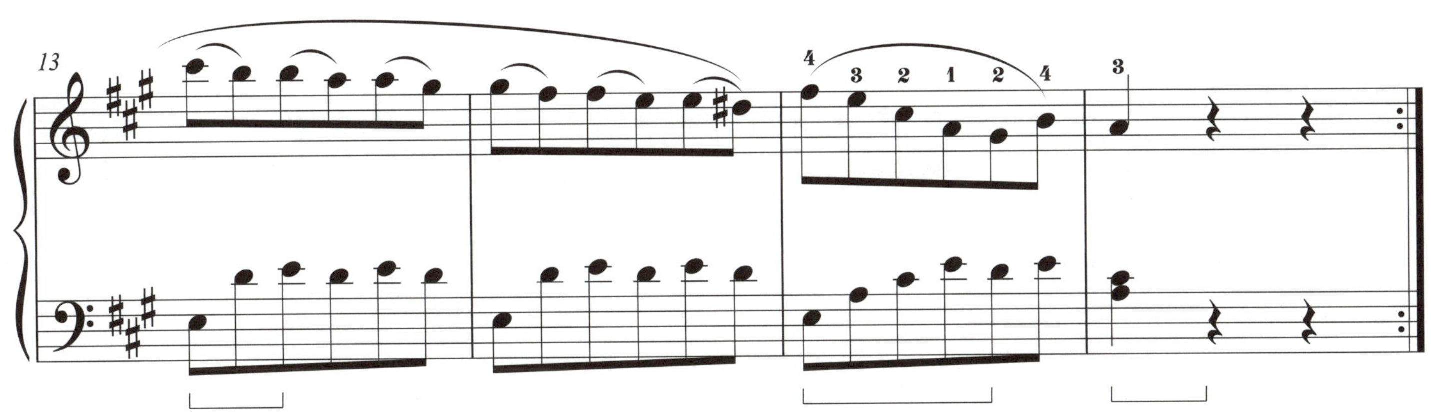

1. **공부할 내용**   왈츠의 3박자 리듬을 타면서 코드의 윗소리를 멜로디 라인으로 표현해 주세요.

2. **주의하세요**   왼손 반주는 오른손 멜로디보다 줄여서 연주하세요.

3. **효과 만점**   악보 표기의 ＞(악센트)는 때려서 치지 말고 테누토처럼 무게를 실어서 눌러주세요.

 레게 "나비"

 **W. Lege Op.59 No.2 "Butterflies"**

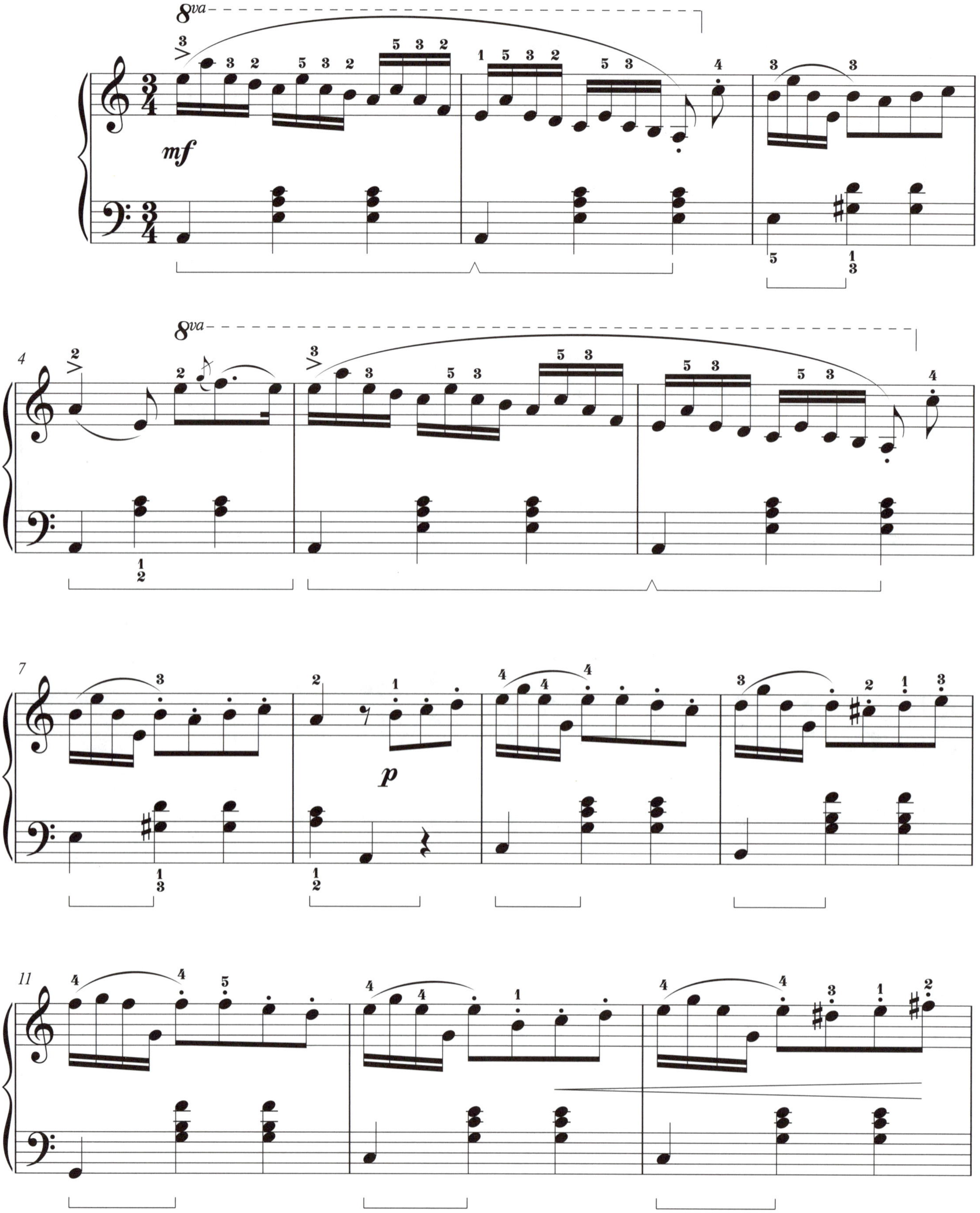

1. 공부할 내용   3/4 박자의 왈츠풍으로 경쾌하게 연주하고, 리드미컬한 단조 부분과 서정적인 장조 부분의 차이를 표현해 주세요.

2. 주의하세요   고른 16분음표 발음에 주의하고, 페달을 깔끔하게 밟아주세요.

3. 효과 만점   중간에 조성이 변할 때 분위기를 완전히 전환하고, 왼손 부드럽게 연주해 보세요.

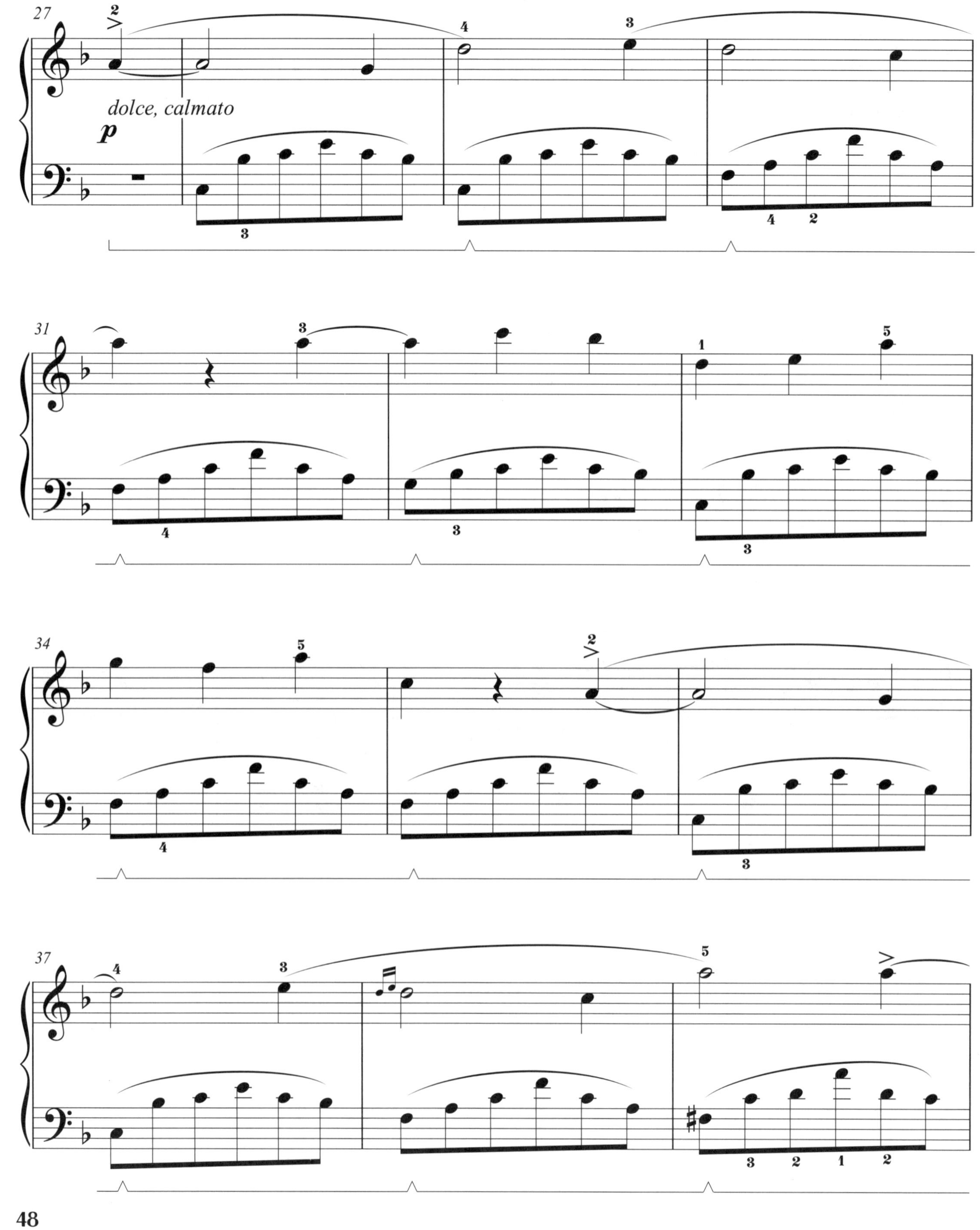

27
dolce, calmato
p
3
4
2
31
4
3
3
34
4
3
37
3
2
1
2

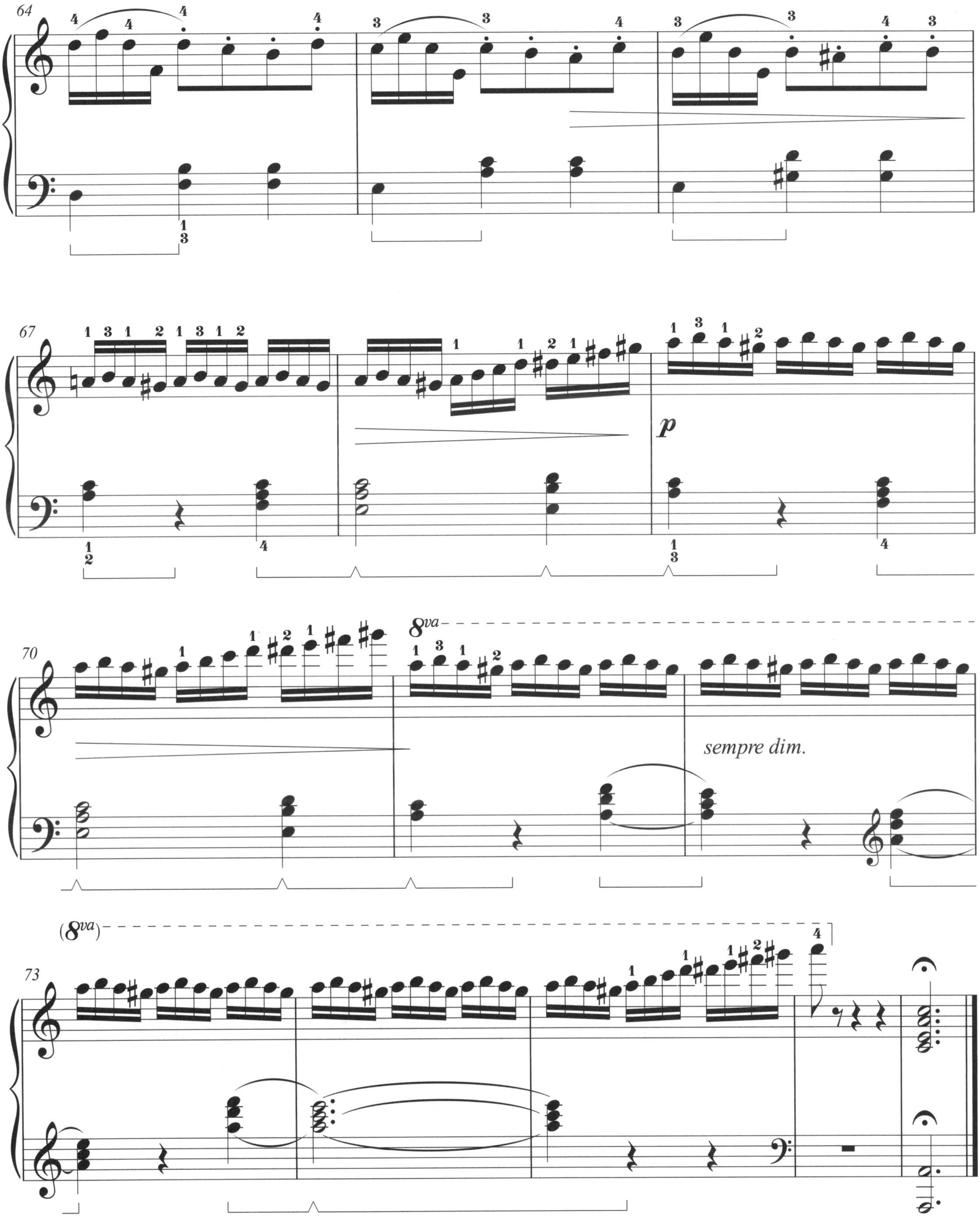
64
67
p
70
8va
sempre dim.
(8va)
73

체르니 "라 캄파넬라"

C. Czerny 24 Airs populaires en rondeaux Op.609 No.18
"La clochette de Paganini"

Carl Czerny
(Ostria, 1791~1857)

Allegretto moderato (♩. =72)

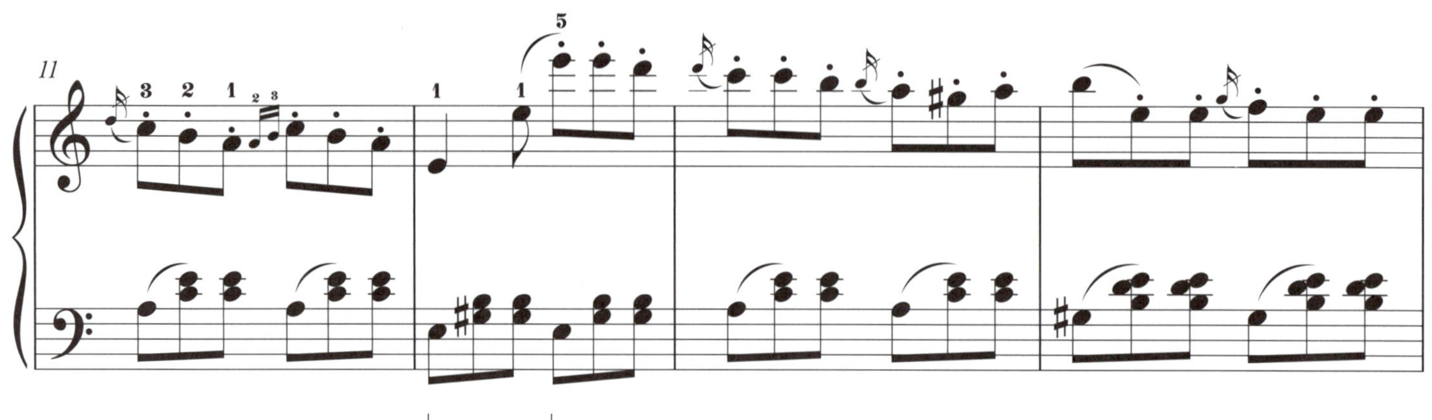

1. 공부할 내용   정확한 리듬과 스타카토 등의 아티큘레이션을 잘 살려서 종소리 느낌을 표현해 주세요.

2. 주의하세요   오른손 빠른 32분음표와 후반부 왼손 셋잇단음표 반주 때 느려지지 않도록 손가락을 가볍고 민첩하게 움직여주세요.

3. 효과 만점   짧은 꾸밈음들도 멜로디로 잘 들리게 발음해 주세요.

dolce
cresc.
f
fp
fp

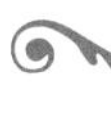

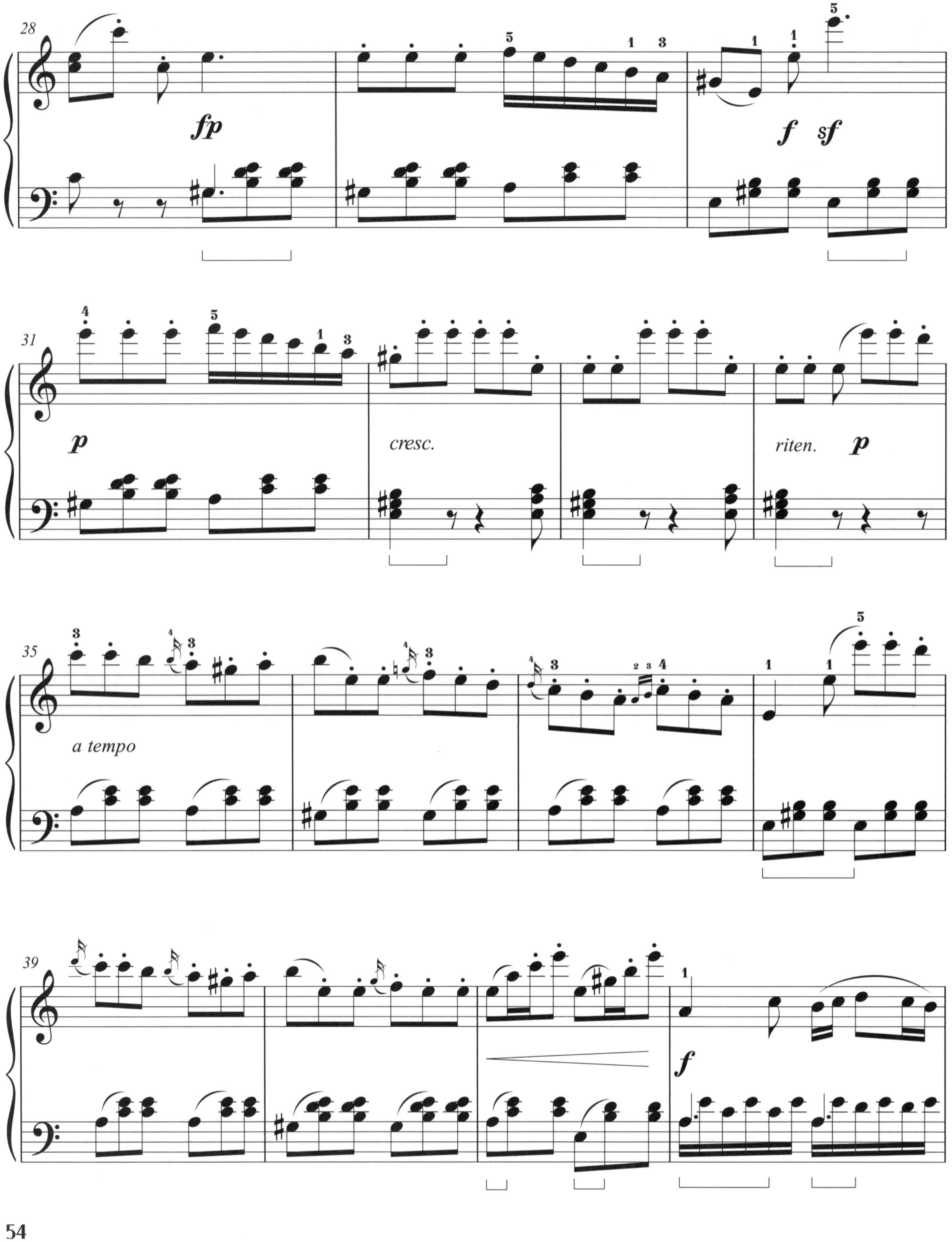
28
fp
f sf
31
p
cresc.
riten.
p
35
a tempo
39
f

13

부르크뮐러 25 에튀드 Op.100 No.20 "타란텔라"

F. Burgmüller 25 Etudes Op.100 No.20 "Tarantella"

F. Burgmüller
(Germany, 1806~1874)

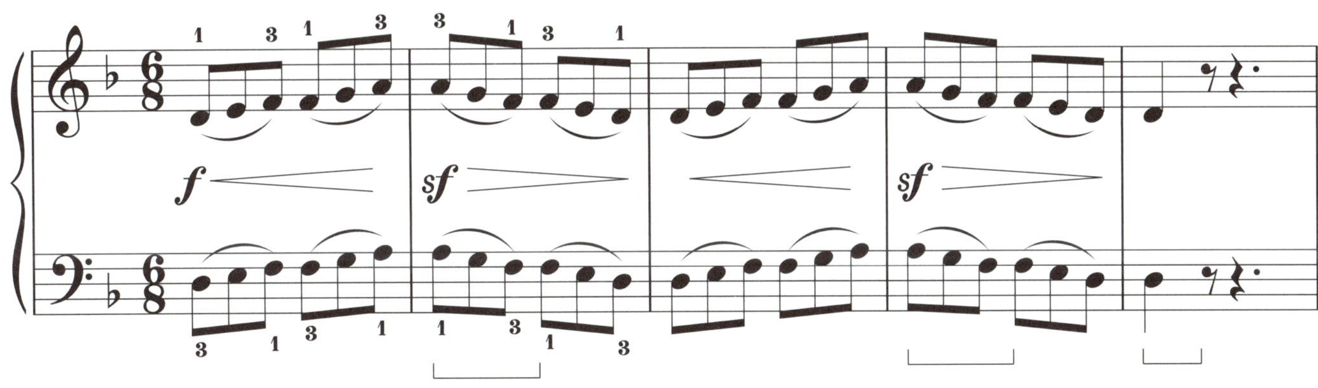

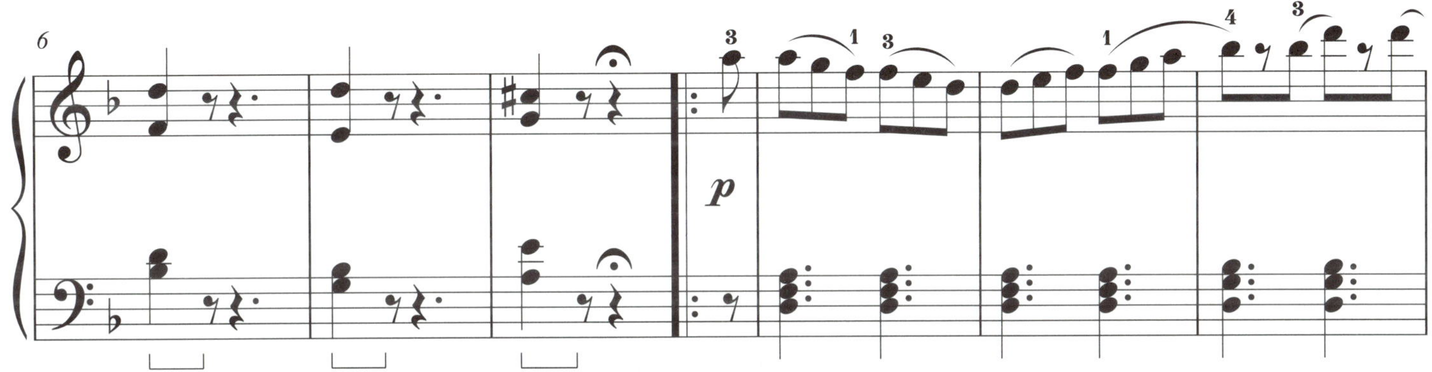

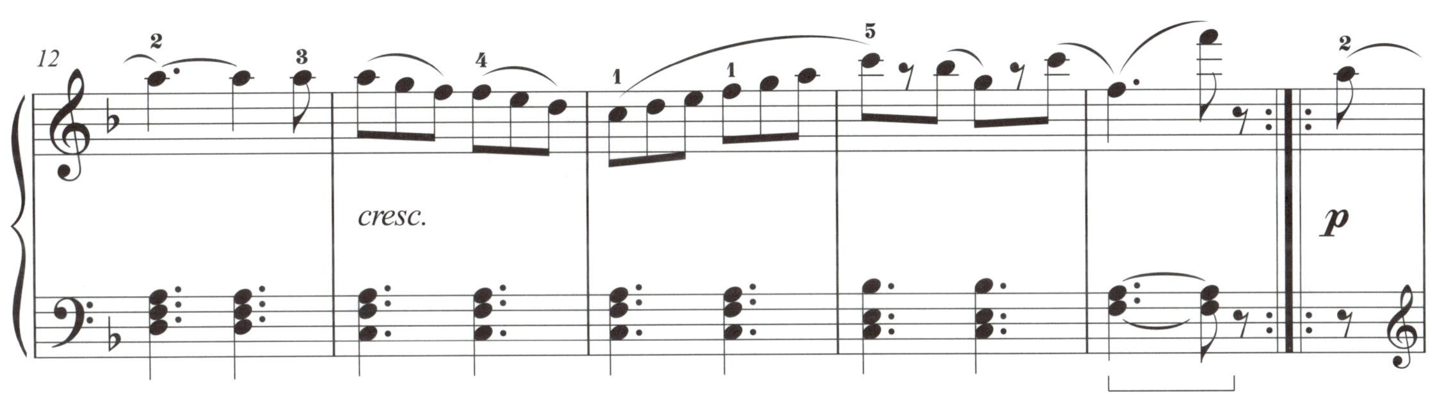

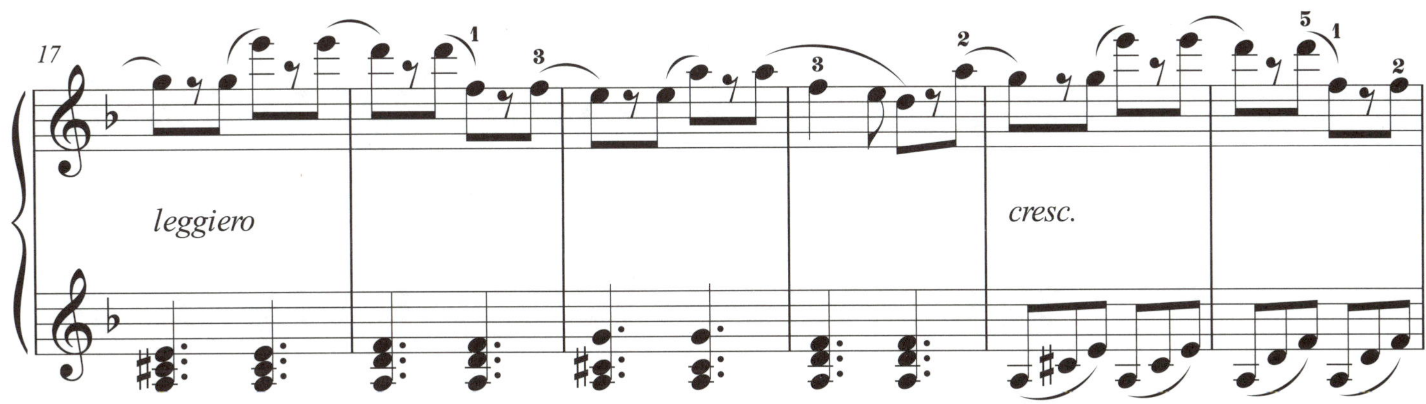

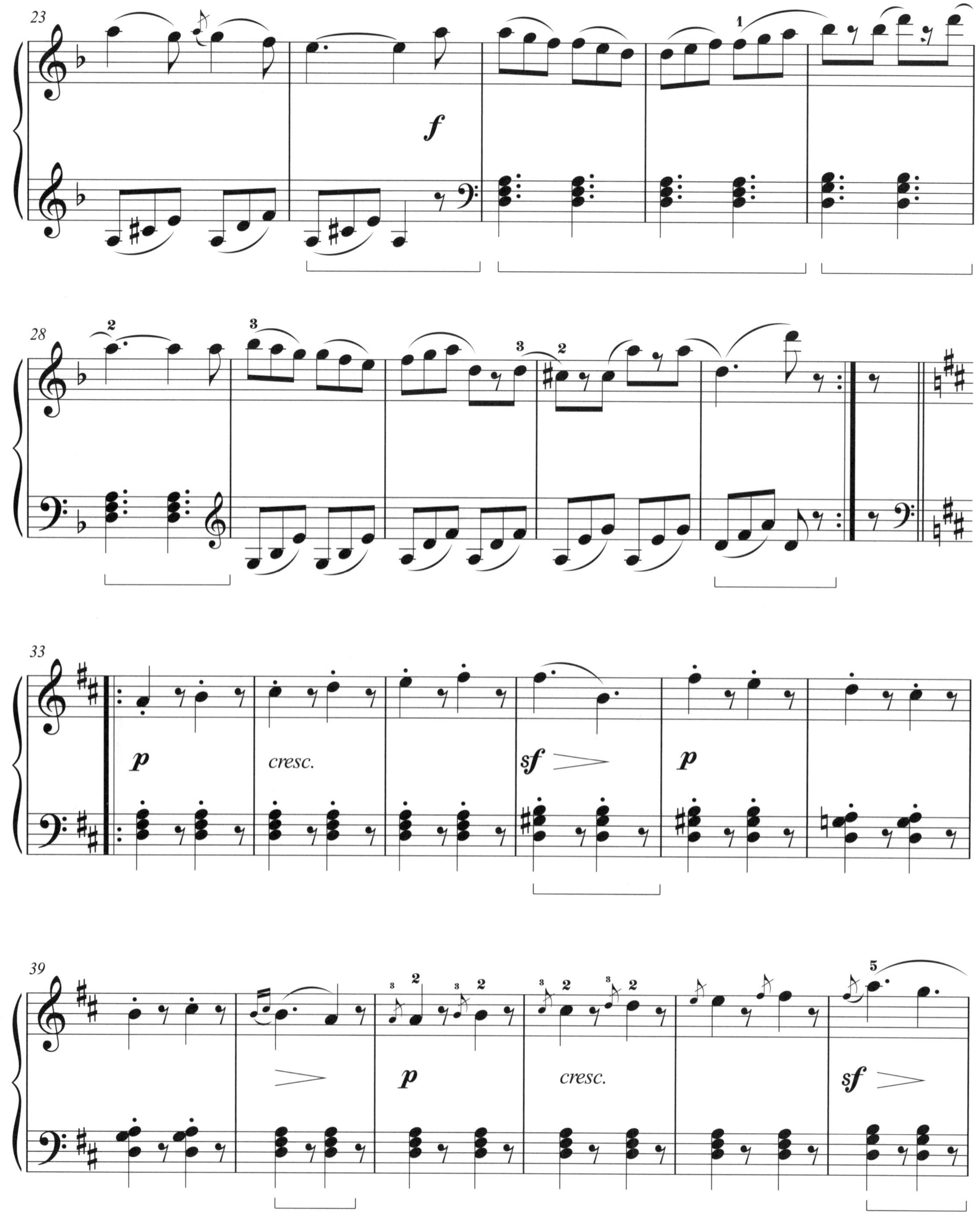
23
f
28
33
p
cresc.
sf
p
39
p
cresc.
sf

1. **공부할 내용** 악상과 아티큘레이션을 정확히 표현하고, 왼손 음의 길이를 잘 지켜주세요.

2. **주의하세요** 양손을 잘 맞춰서 연주하고, 왼손 코드음이 오른손 멜로디보다 크지 않게 해주세요.

3. **효과 만점** 4마디씩 한 프레이즈로 노래하고, 프레이즈 끝음은 여리게 치세요.

14

리히너 "튤립"

H. Lichner Bunte Blumen Op.111 No.4 "Tulip"

Heinrich Lichner
(Germany, 1829~1898)

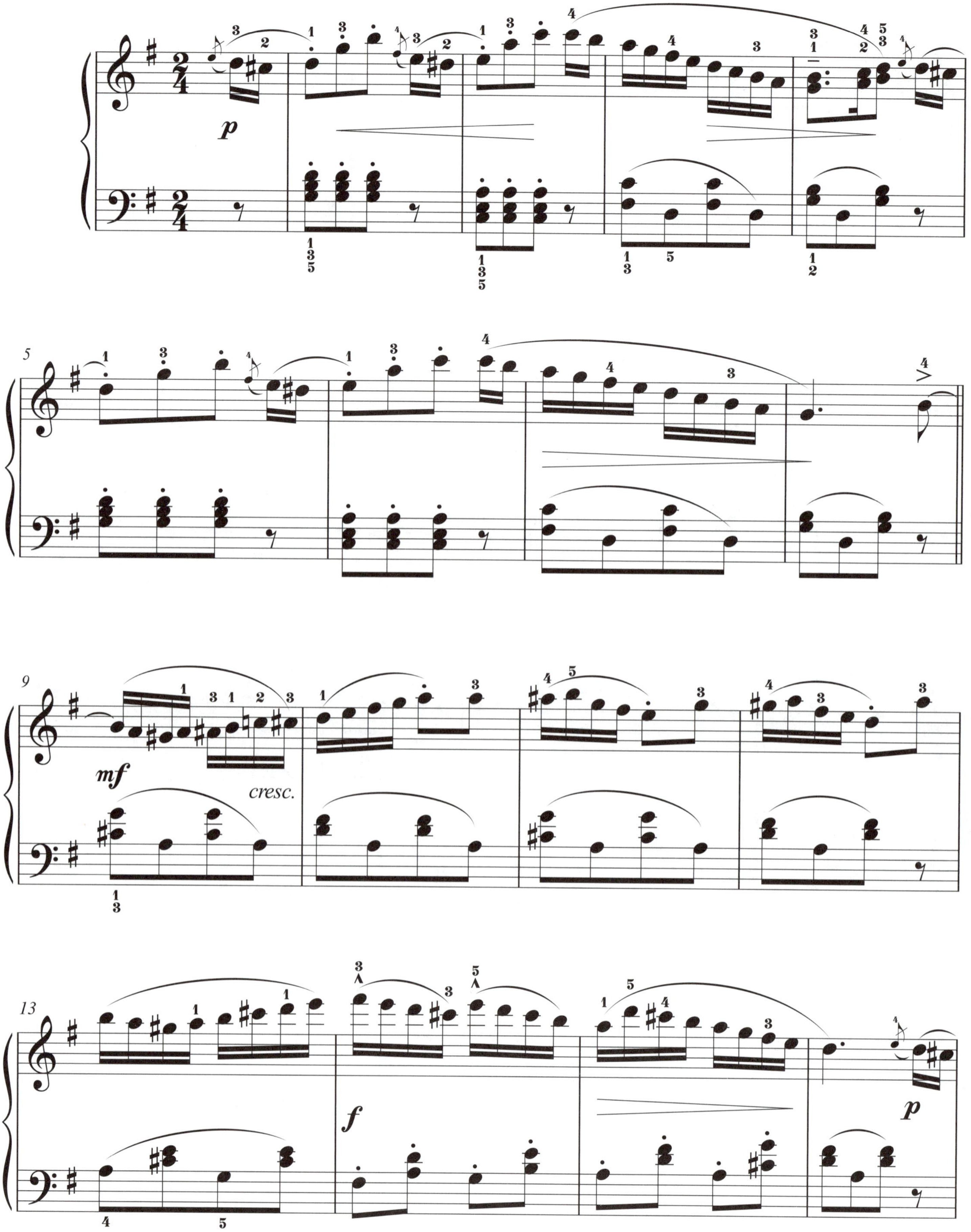

1. 공부할 내용   밝고 리드미컬한 부분과 서정적인 부분을 대조해서 연주해 주세요.
2. 주의하세요   빨라지지 말고, 왼손 반주는 오른손보다 작게 치세요.
3. 효과 만점   악상 변화를 충분히 살려서 연주하세요.

a tempo
33
p espressione
pp
37
p
pp
41
mf
pp
45
p

p
p brillante cresc.

75
dim.
mf
cresc.
78
81
f
85
ff
sf
sf

15

부르크뮐러 18 에튀드 Op.109 No.13 "천둥과 비"

F. Burgmüller 18 Etudes Op.109 No.13 "L'Orage"

Friedrich Burgmüller
(Germany, 1806~1874)

1. 공부할 내용   악상을 충분히 살려서 폭풍의 극적인 분위기를 표현해 주세요.

2. 주의하세요   노래는 왼손이 이끌고, 오른손은 윗소리를 잘 살려주세요.

3. 효과 만점   단조일 때 음산한 분위기와 조표가 바뀌어 장조로 바뀔 때 평화로운 느낌을 대조해서 표현합니다.

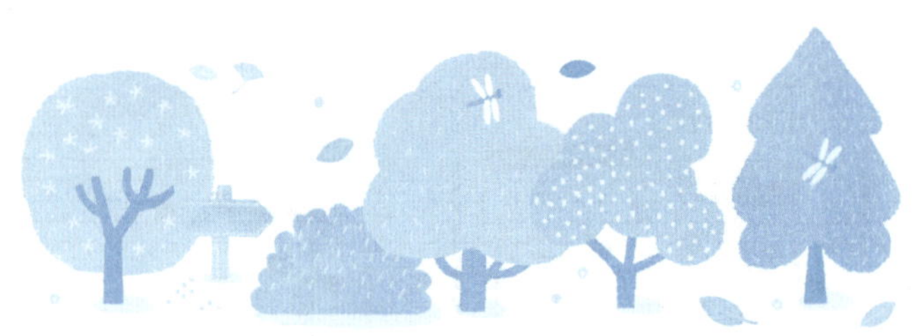

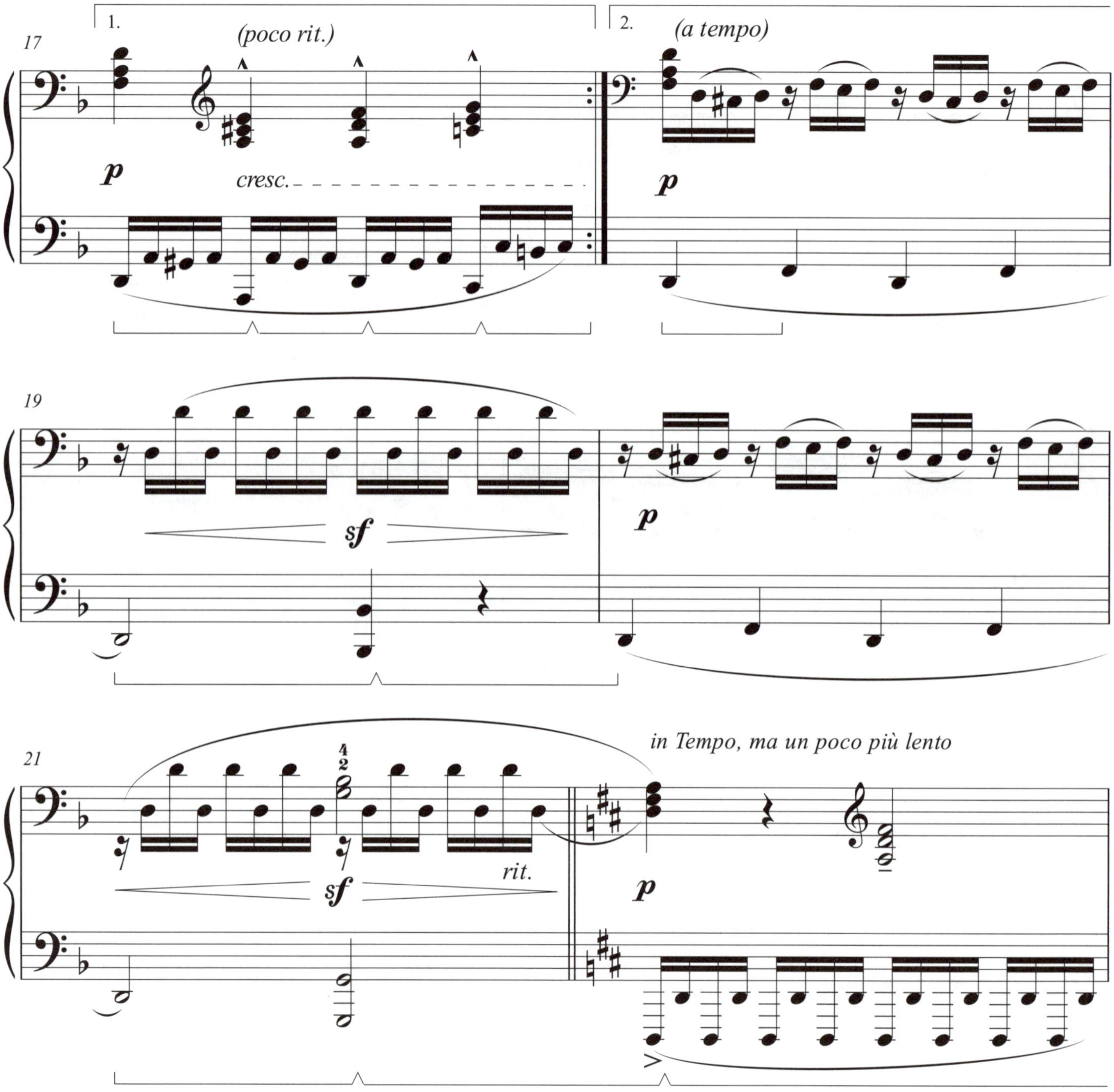
17
1.
(poco rit.)
p
cresc.
2.
(a tempo)
p
19
sf
p
21
sf
rit.
in Tempo, ma un poco più lento
p

23
sf
25
(a tempo)
rit.
mf
espressivo
sf
(moderato)
sf
dim. e. rit.
p
dim.
pp
28

16

훔멜 가장조 스케르초

J. Hummel Scherzo in A Major

Johann Nepomuk Hummel
(Slovakia, 1778~1837)

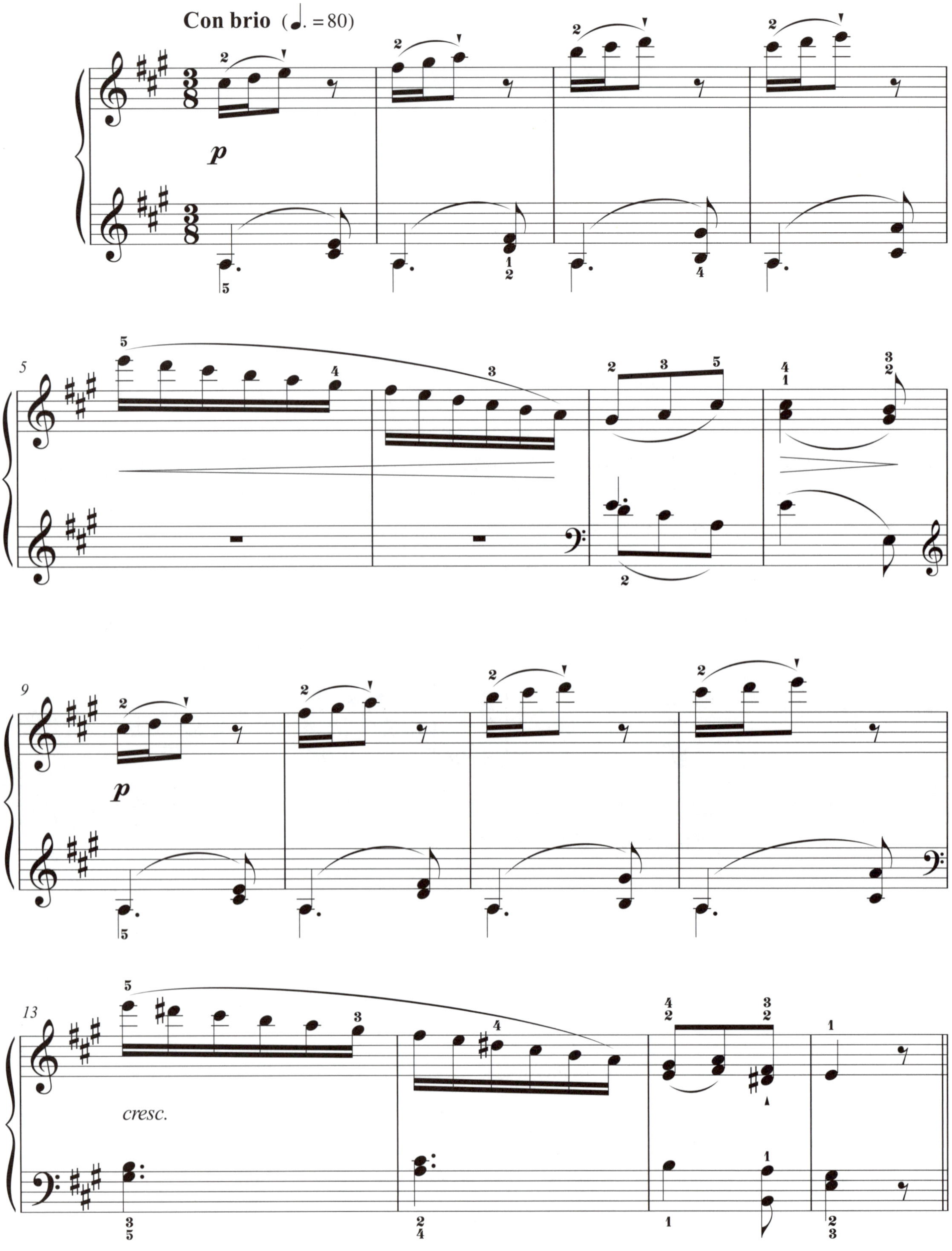

1. 공부할 내용   제목인 'Scherzo(스케르초)'의 유머러스함을 3박자 계열의 왈츠풍 리듬을 느끼면서 표현해 보세요.
2. 주의하세요   스케일류의 16분음표가 고르게 발음되고 빨라지지 않게 주의하세요.
3. 효과 만점   시작부의 오른손 상행 멜로디는 밝고 가볍게 표현하고, 왼손에서 나올 때는 그보다는 조금 묵직하게 표현해 주세요.

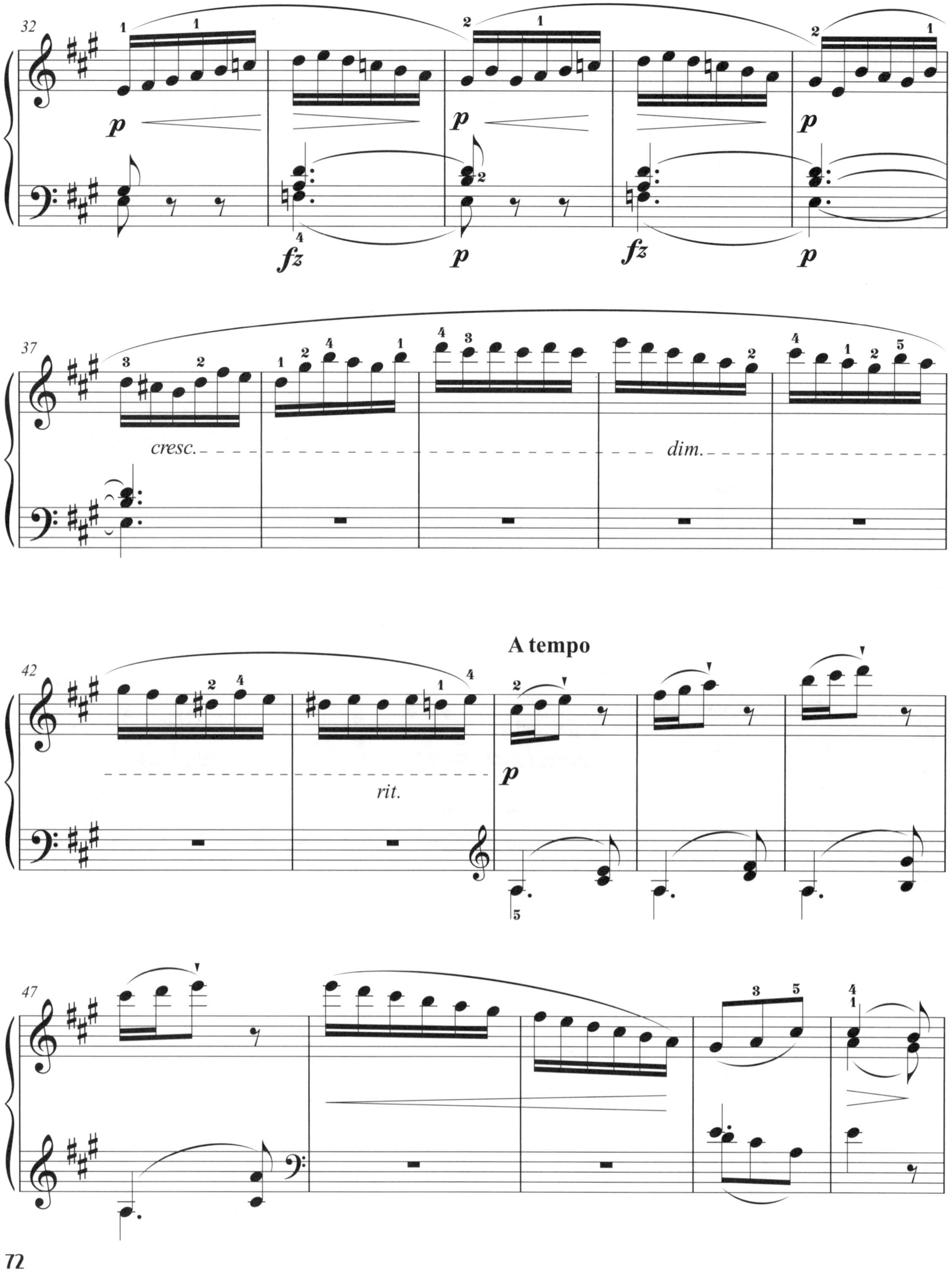
32
p
fz
p
fz
p
37
cresc.
dim.
A tempo
42
rit.
p
47

17

쾰링 흔들리는 나뭇잎

Carl Kölling
(Germany, 1831~1914)

Allegro molto (♩ = 138)

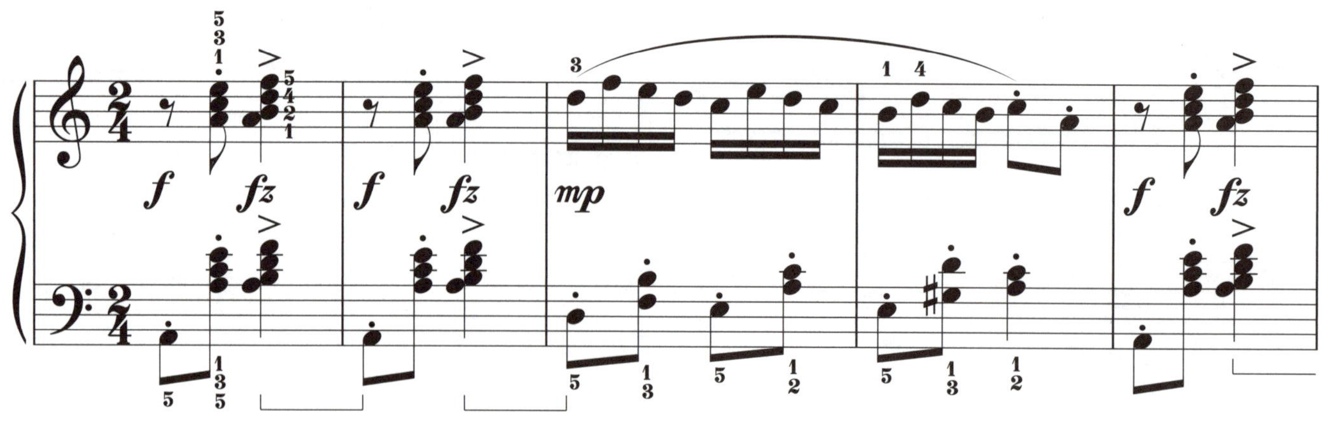

1. 공부할 내용	악상과 캐릭터 대비를 충분히 살려서 연주하세요.
2. 주의하세요	한 손씩 따로 연습한 후 양손으로 연습하고, 프레이즈의 끝음은 여리게 처리해 주세요.
3. 효과 만점	단조에서는 힘찬 바람을 연상하며 에너지 있게, 장조에서는 부드럽게 살랑이는 나뭇잎을 연상하며 연주해 보세요.

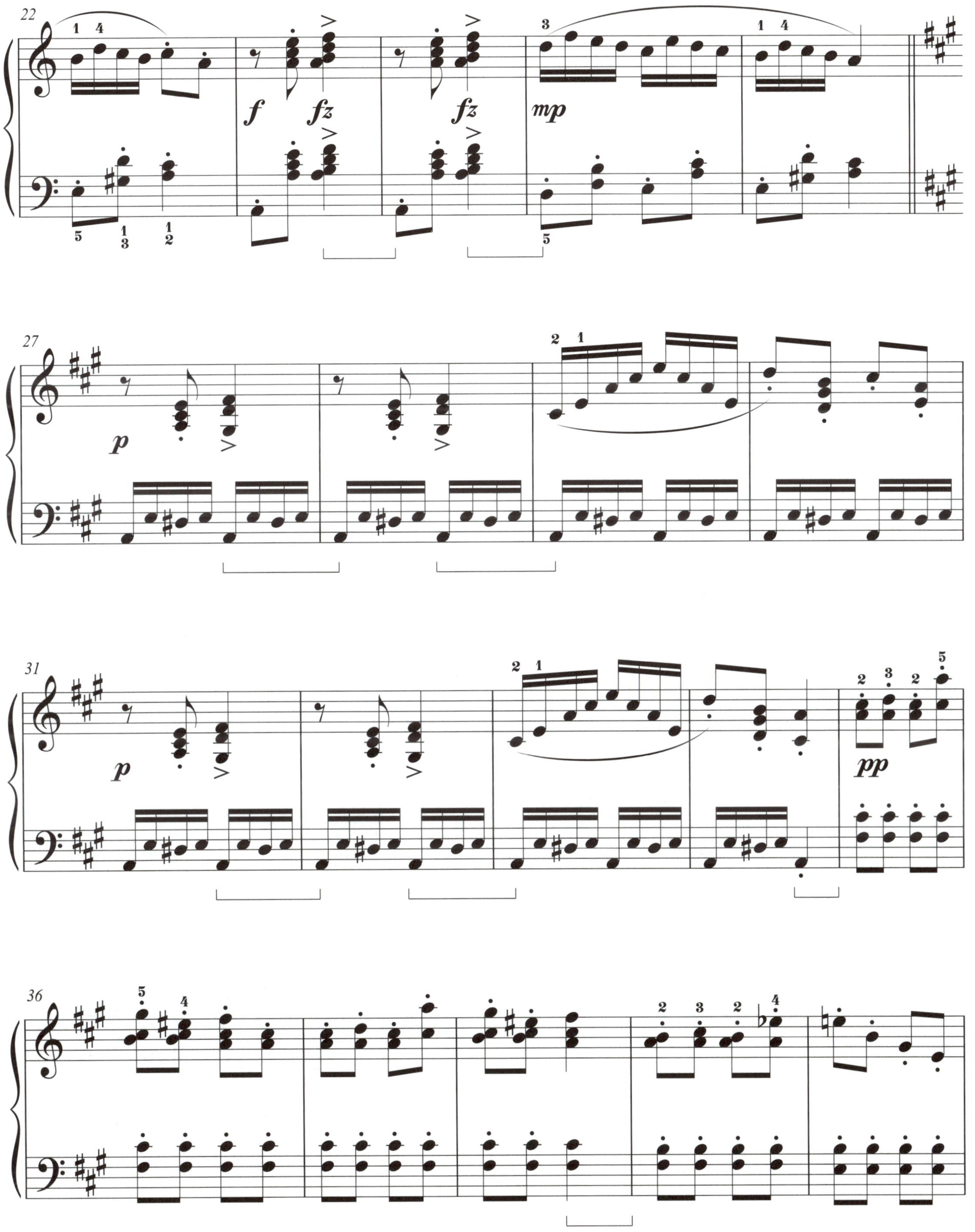

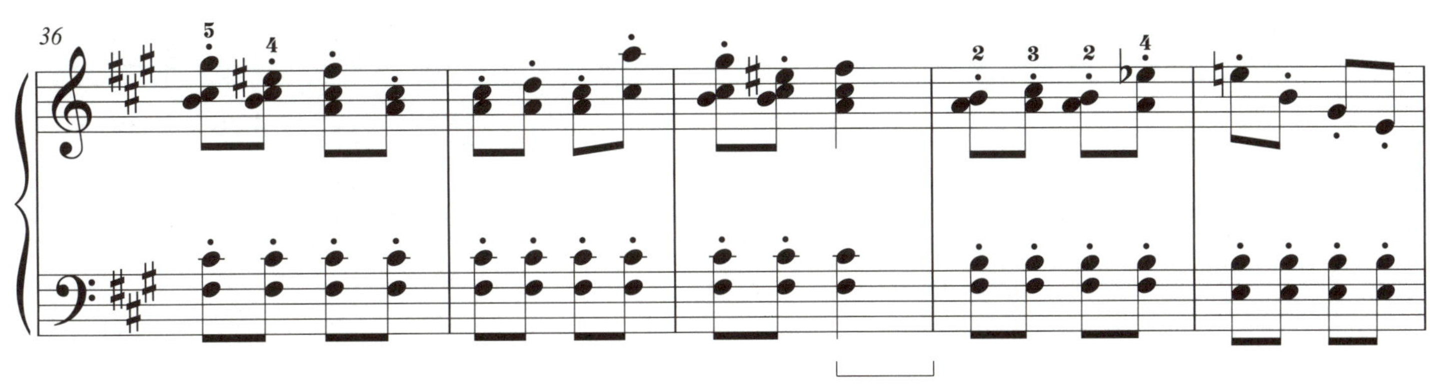

dim.
f
fz
f
fz

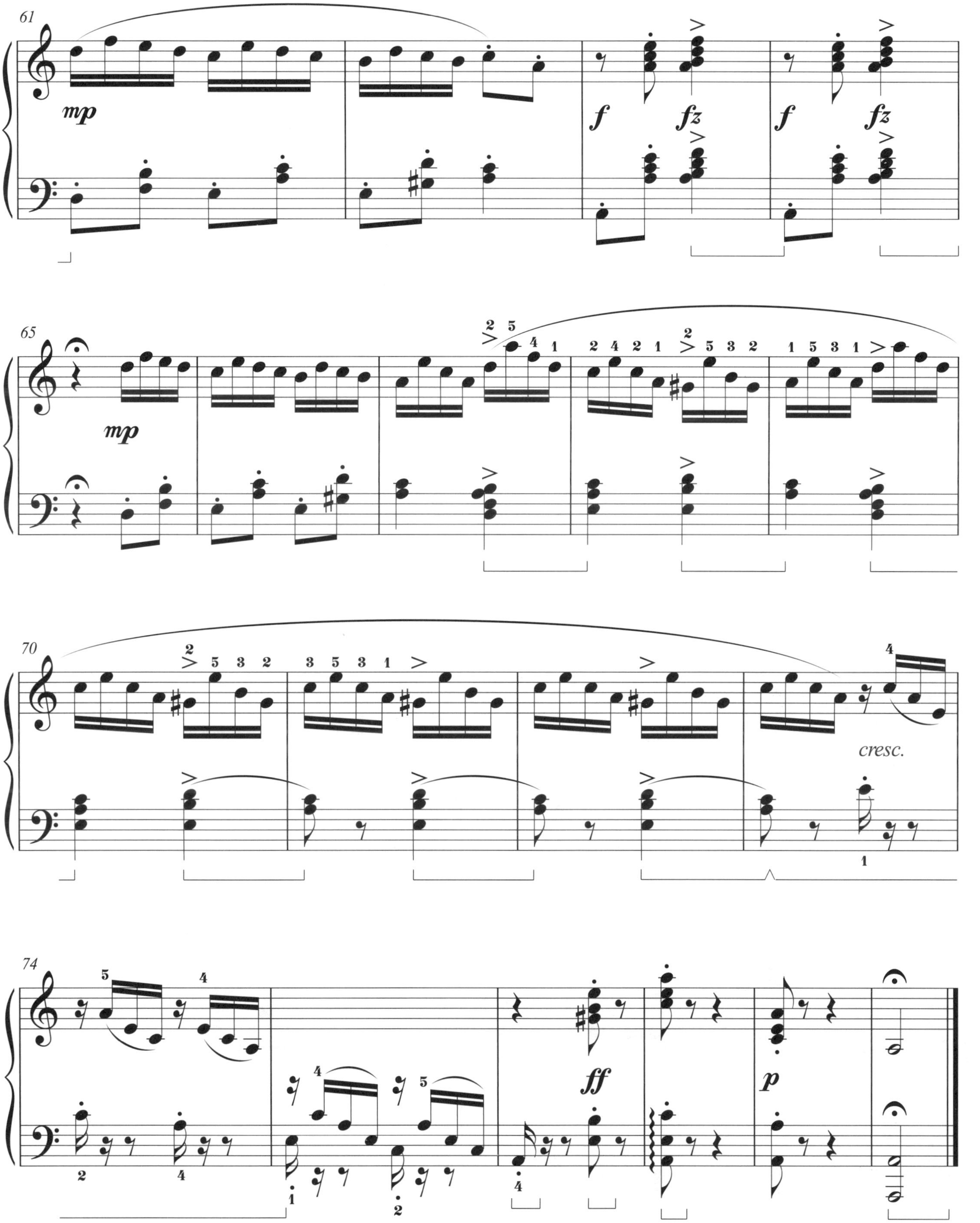
61
mp
f
fz
65
70
cresc.
74
ff
p

18 헬러 "흥미로운 이야기"

S. Heller Album for the Young Op.138 No.9 "Curious Story"

Stephen Heller
(Hungary, 1813~1888)

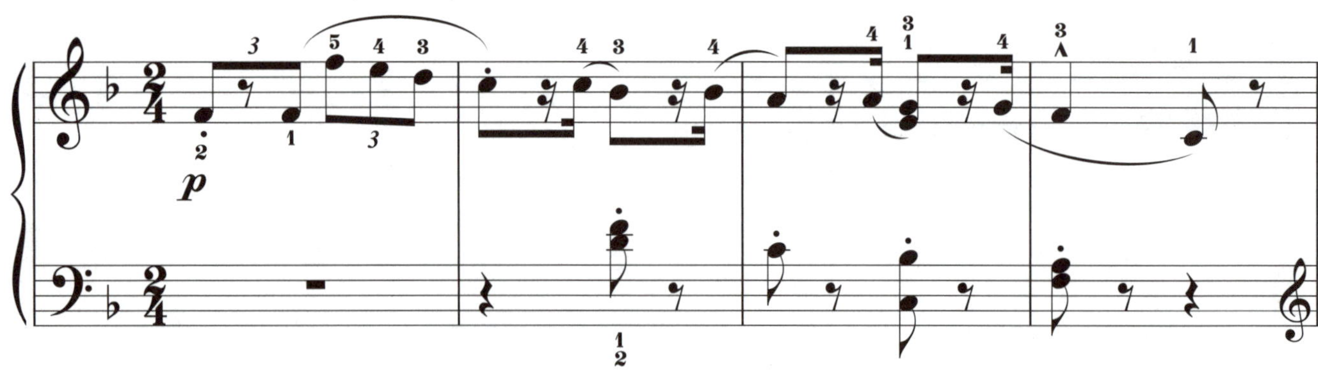

1. 공부할 내용   호기심과 관련된 제목에 걸맞게 경쾌한 발걸음의 장조 부분과 뭔가 의심스러운 느낌의 단조 부분의 느낌을 대조적으로
             잘 살려서 연주하세요.

2. 주의하세요   셋잇단음표와 부점 리듬의 차이를 알고 정확히 표현하세요.

3. 효과 만점   저음 – 중음 – 고음역대의 각각 다른 컬러와 다양한 악상을 입체적으로 표현해 보세요.

dimin.

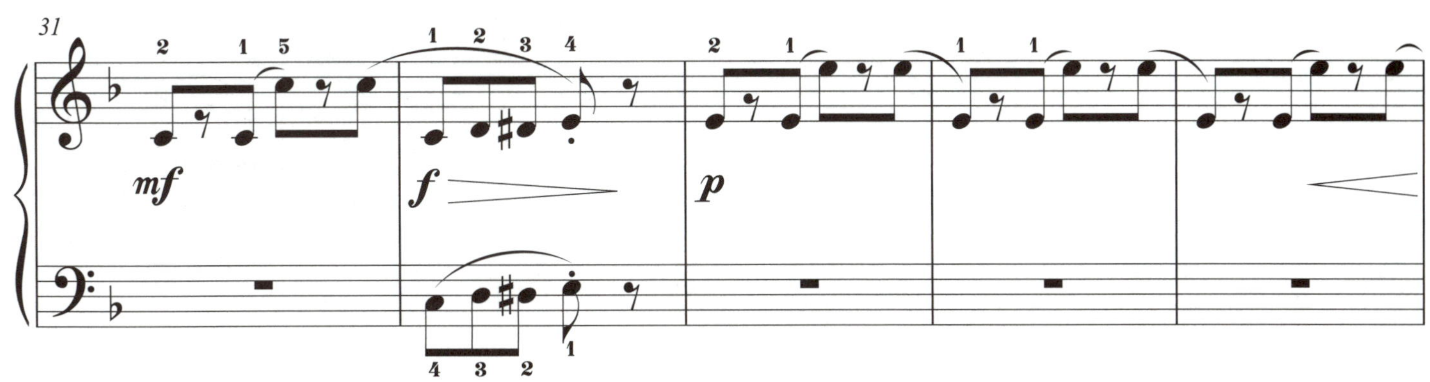

36
mf
5
1
4
3
1
41
2
1
p
mf
47
f
p
53
3
4
2
15
4
molto ritenuto
espress.
mf
p
58
2
15
a tempo
3
3
2
1
4
mp
5 L.H.
3
sfz
80

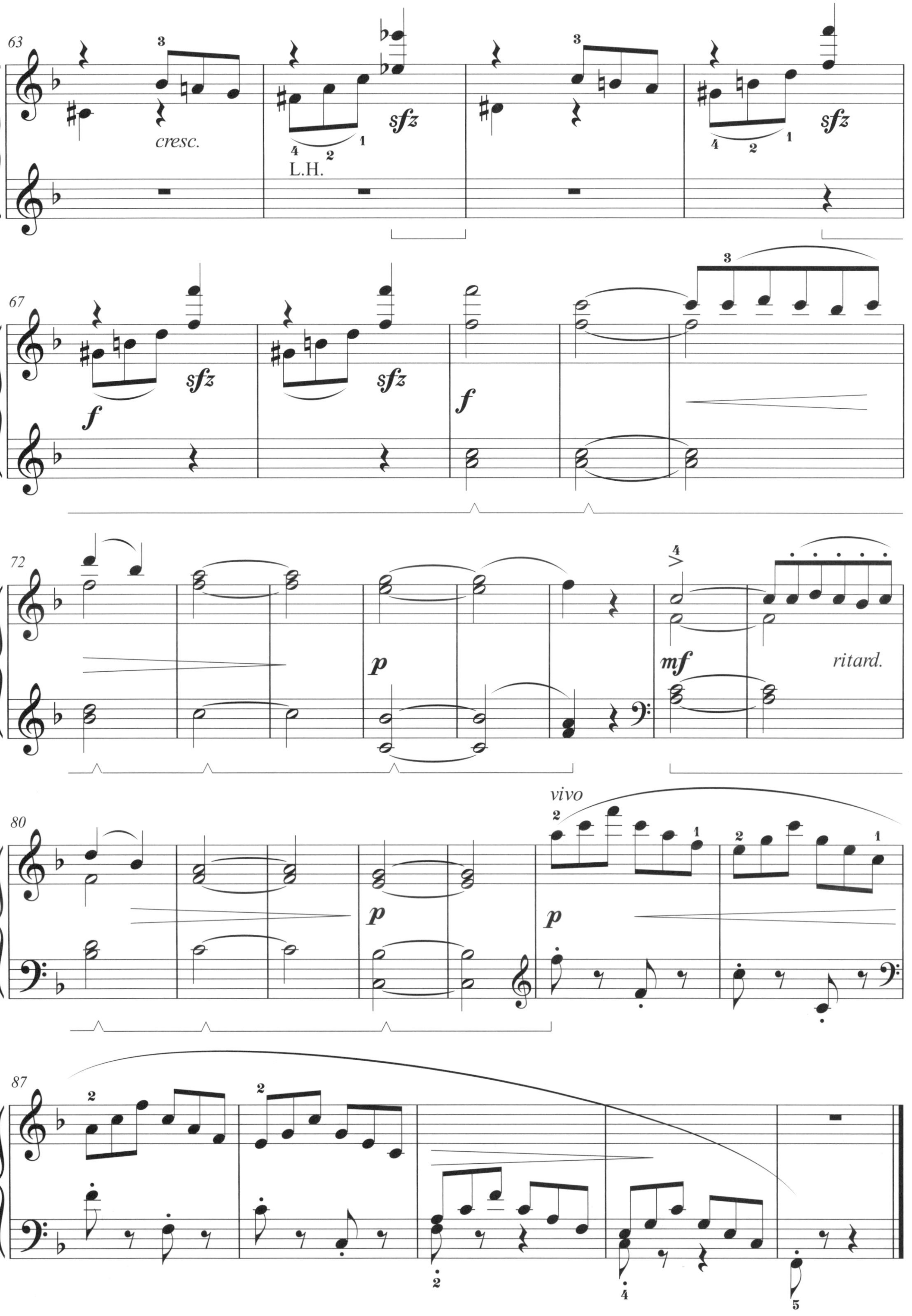
63
cresc.
L.H.
sfz
67
f
sfz
72
p
mf
ritard.
80
vivo
p
87

19 가엘 "나비" 타란텔라

H. Gael Une Fête A Tarente Op.94 No.1 "Les Papillons"

Henri van Gael
(België, 1846~1918)

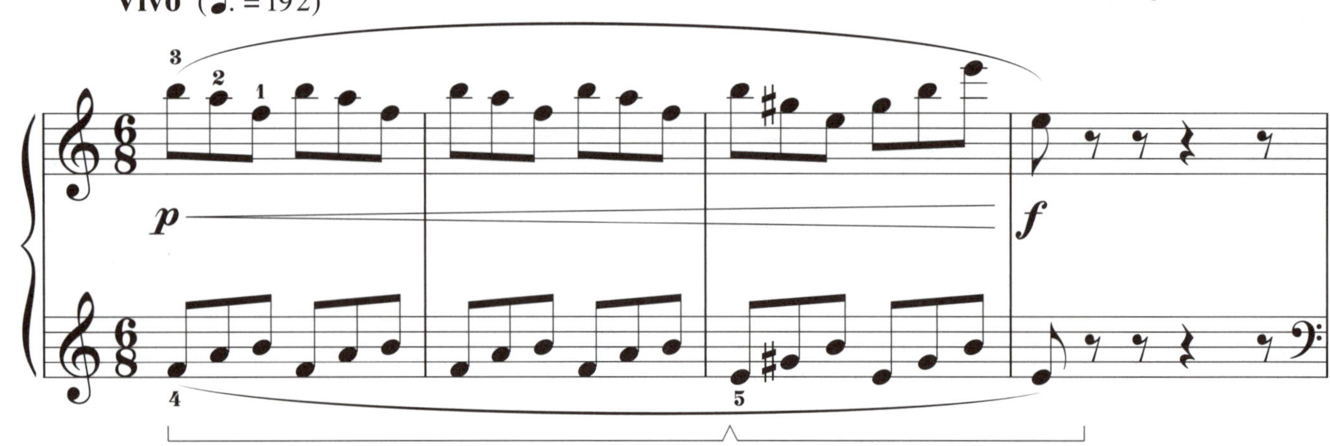

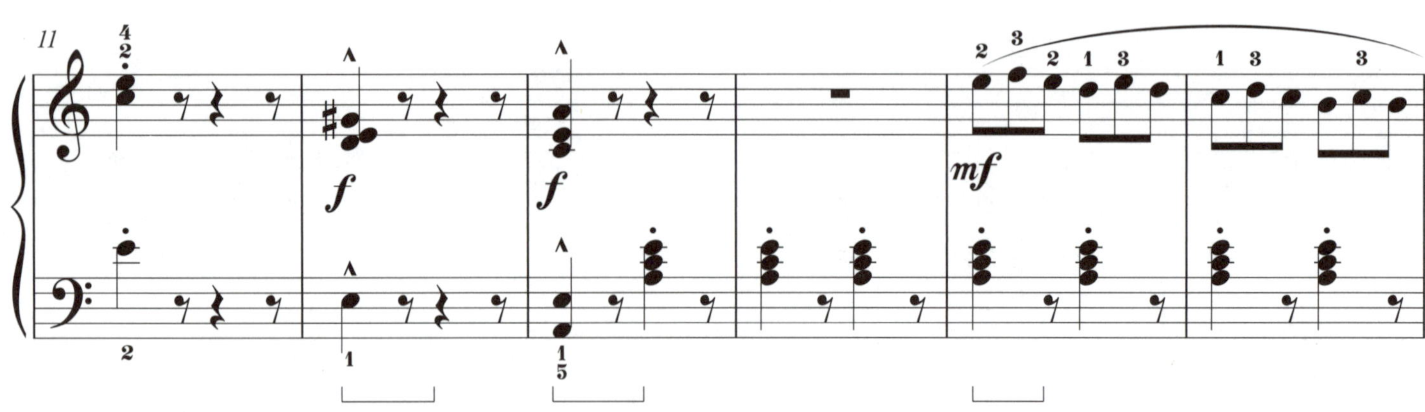

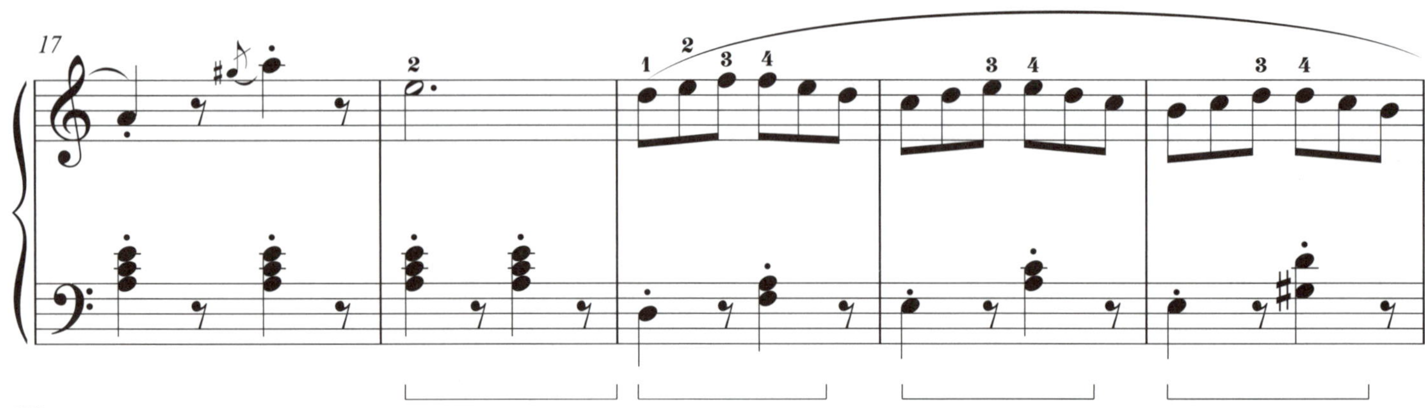

1. 공부할 내용   손가락의 민첩성이 요구되는 곡으로, 고른 오른손 리듬에 유의하세요.
2. 주의하세요   왼손이 오른손보다 크지 않도록 주의하고, 양손을 잘 맞춰서 연주하세요.
3. 효과 만점   빠르게 움직이는 단조의 분위기와 가볍고 여유 있는 장조 부분의 대조를 표현해 주세요.

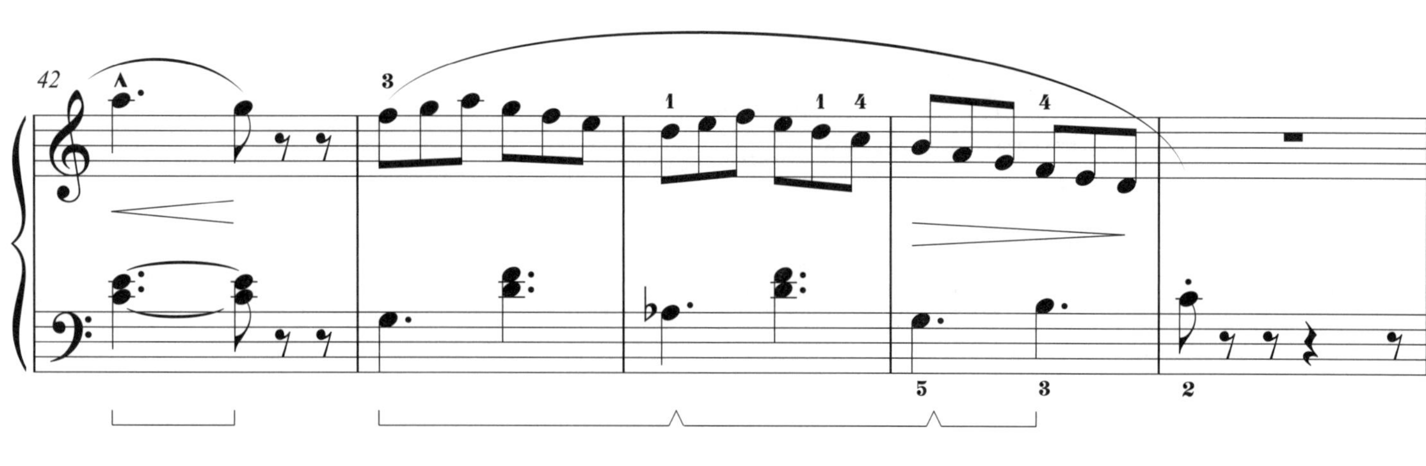
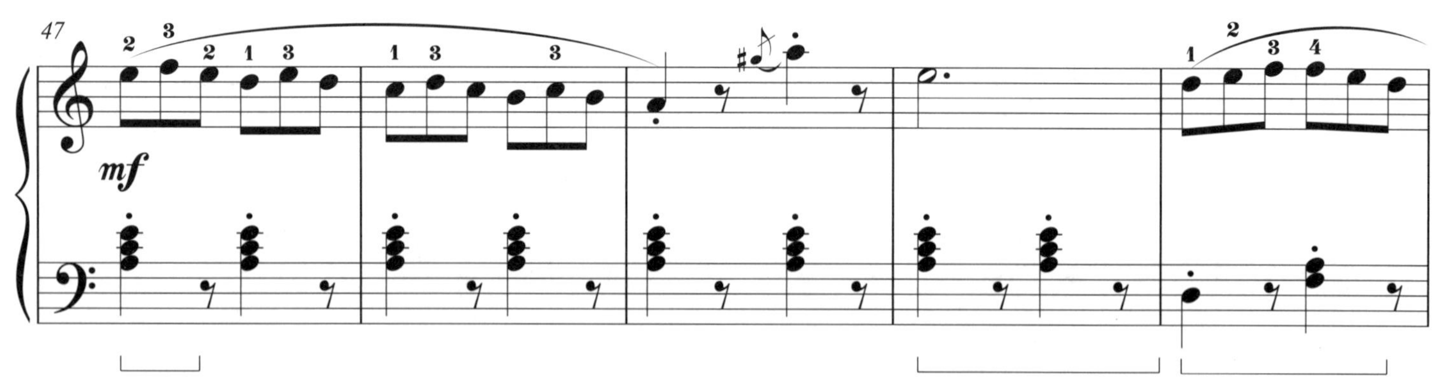
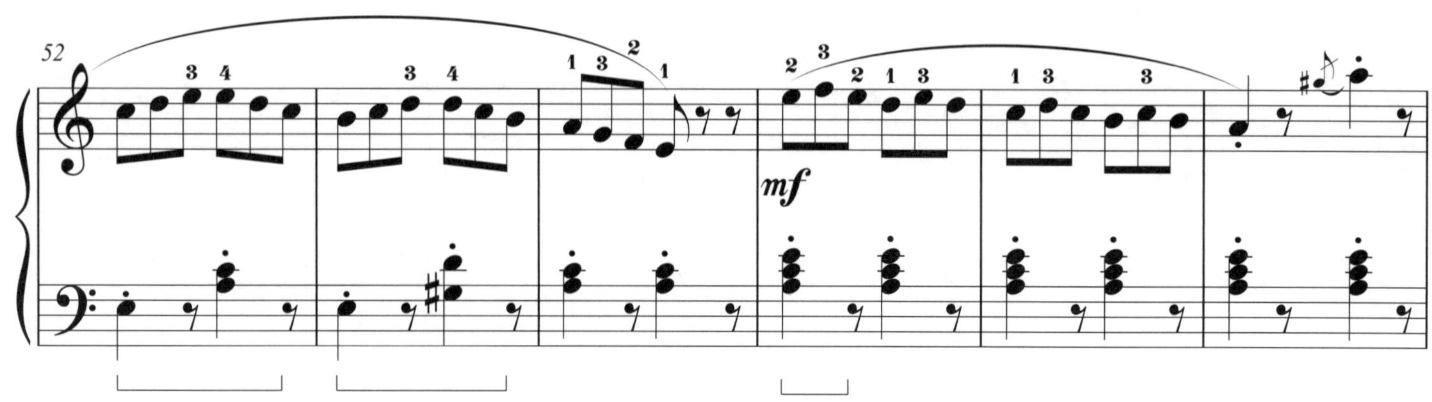
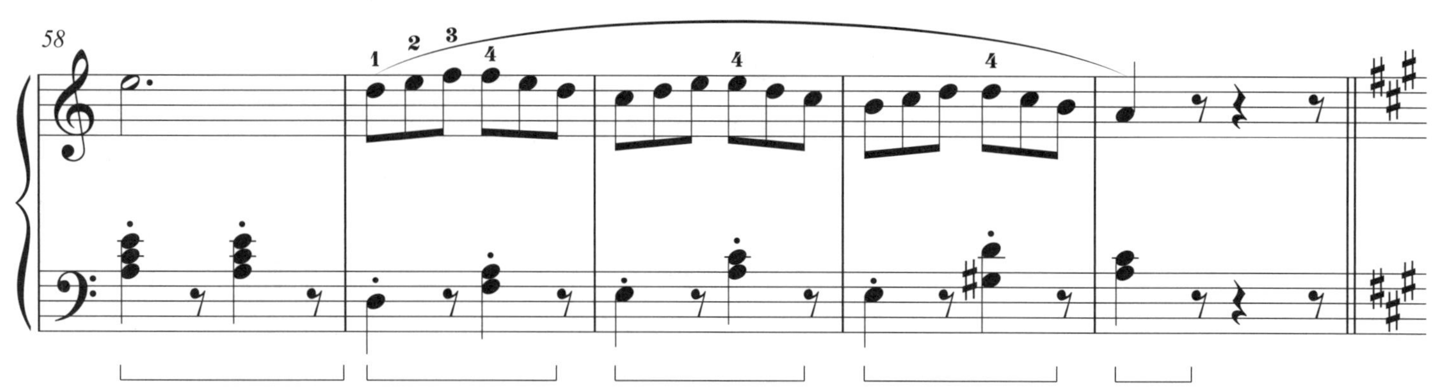

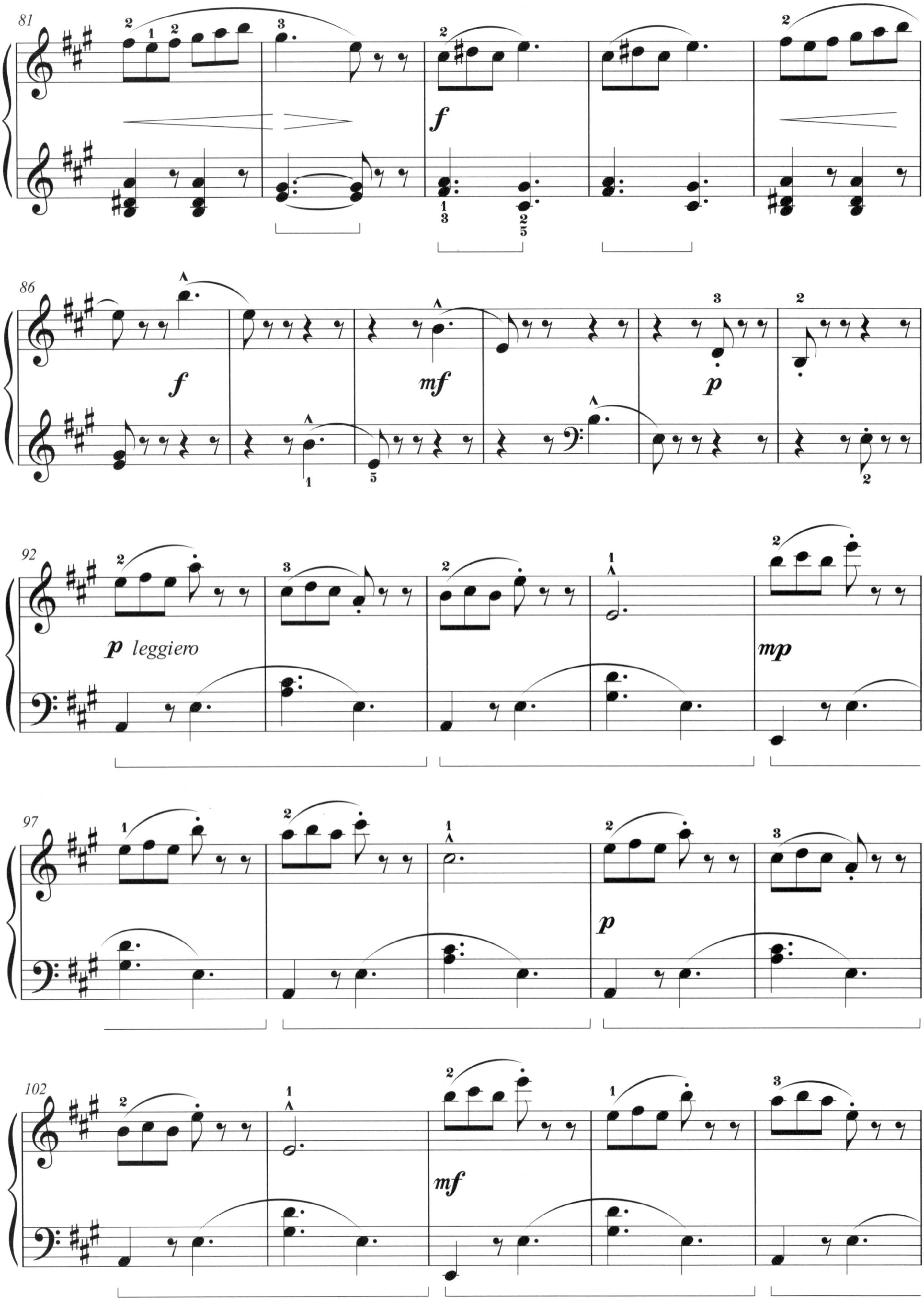
81
f
86
f
mf
p
92
p leggiero
mp
97
p
102
mf

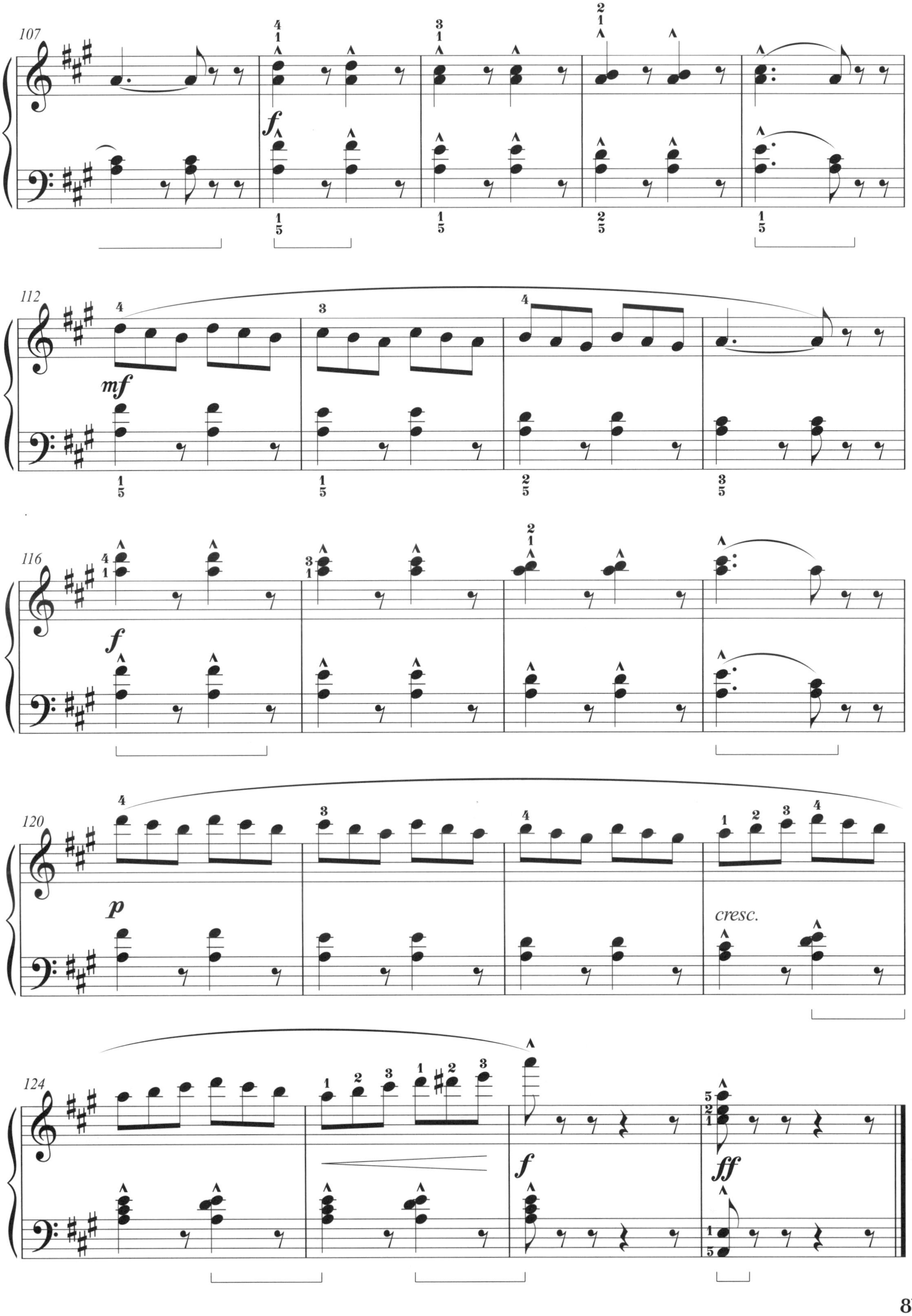
107
f
112
mf
116
f
120
p
cresc.
124
f
ff

맥도웰 "꼬마 요정의 일주"

E. MacDowell 6 Fancies Op.7 No.6 An "An Elfin Round"

Edward MacDowell
(U.S.A., 1860~1908)

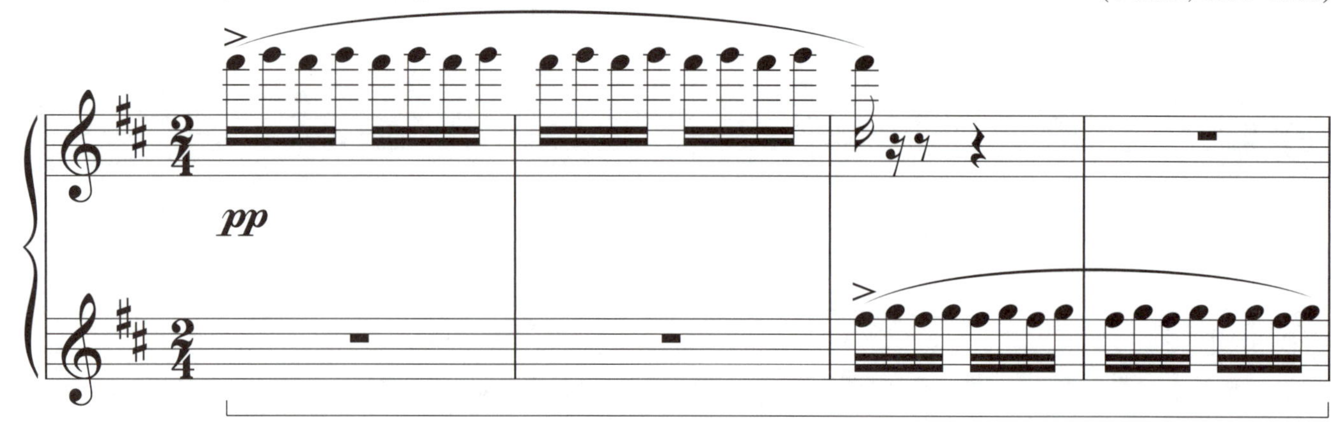

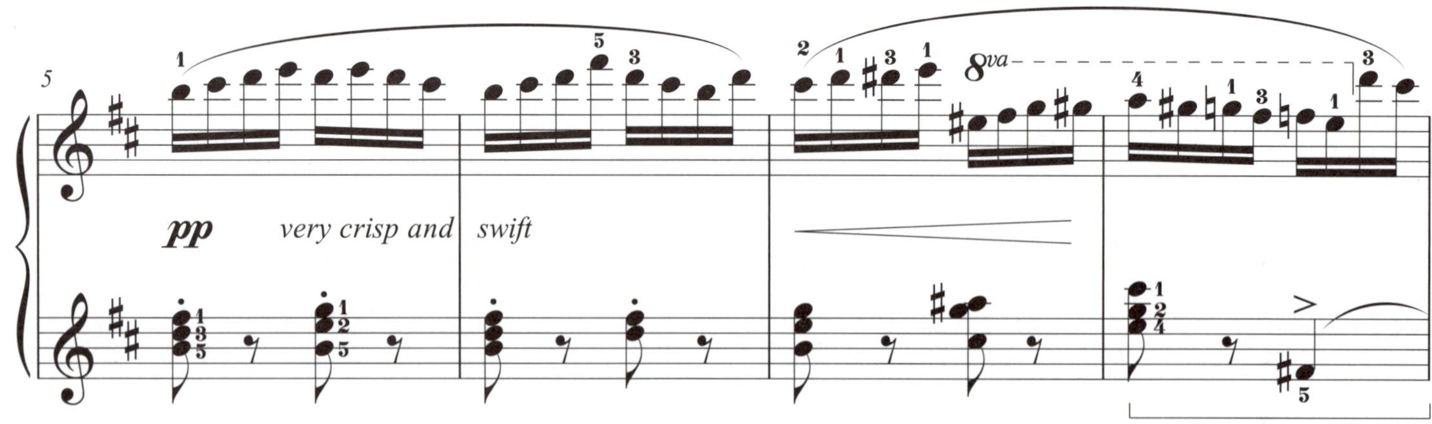

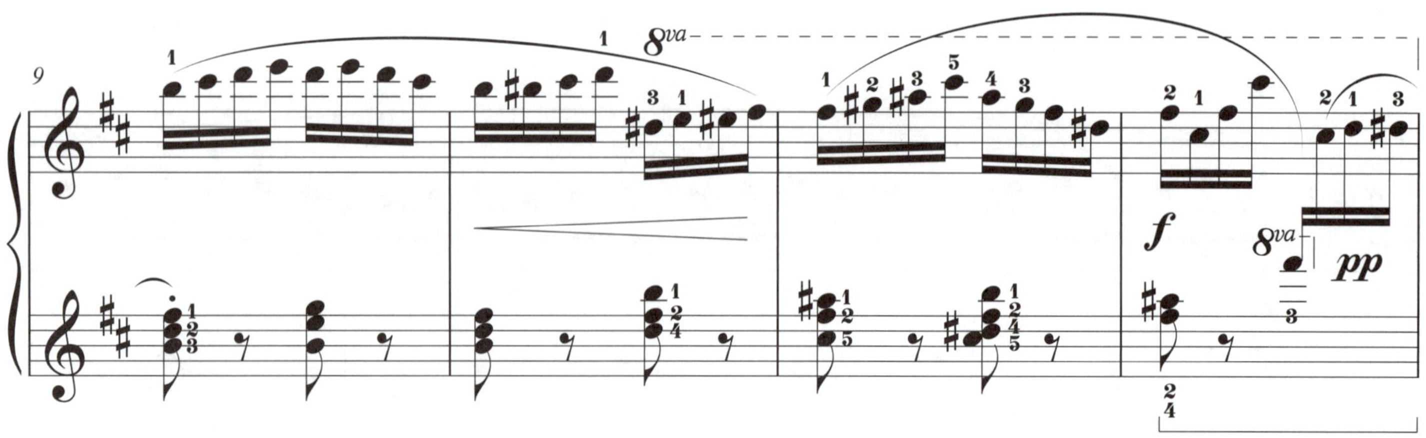

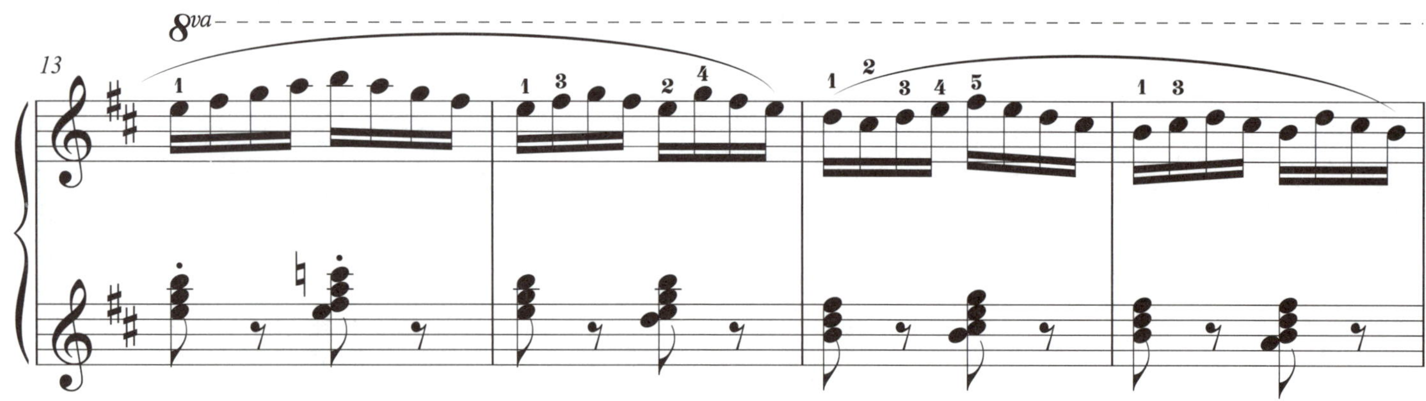

1. 공부할 내용　2/4 박자의 빠르고 가볍게 움직이는 부분과 중간에 6/8 박자로 바뀌는 부분의 리듬 변화를 느껴보세요.

2. 주의하세요　오른손 빠른 음 고르게 되도록 하고, 왼손의 일정한 리듬으로 빨라지지 않게 템포를 잡아주세요.

3. 효과 만점　양손 다 코드 윗소리 살리고, cresc., decresc. 표현을 충분히 해주세요.

Slightly slower (♩. = 88)
34
very light and free
38
pp
pp
41
pp
44
pp
90

detached
very marked
gradually faster to –
ff
dim.
(♩ = 144)
mp
pp sharp and quick
8va
pp

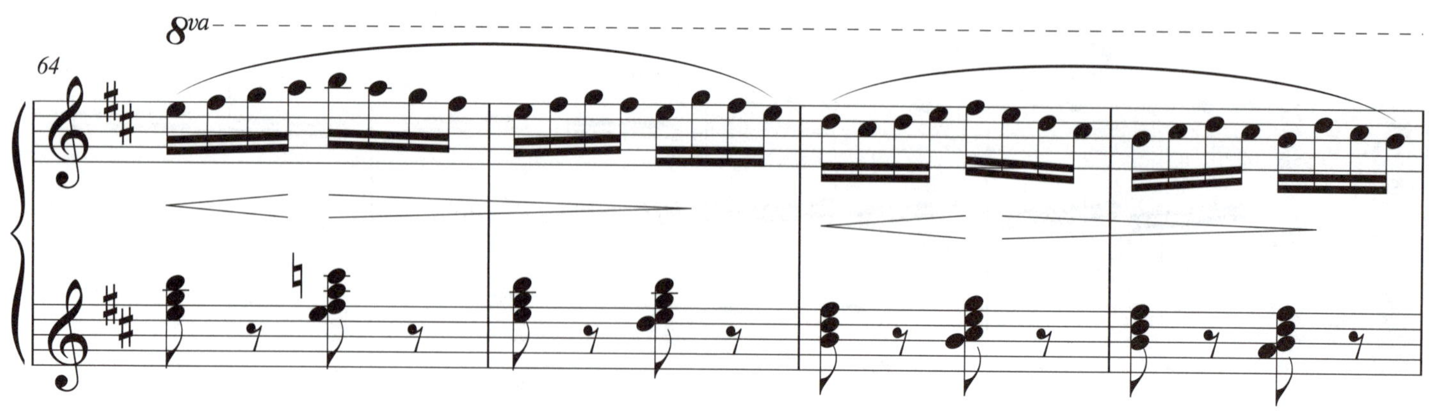

# 콩쿠르 전 체크 리스트

✔ 주요 감점 요인 → 주의하세요!

① 테크닉
빠른 음들이 고르게 되지 않는 것

양손이 맞지 않는 경우

② 박자/리듬
템포가 빨라지거나 느려지는 경우

약박의 음이 강박의 음보다 클 때

③ 소리
왼손(반주)이 오른손(멜로디)보다 클 때

큰 소리를 때려서 치거나 작은 소리에서 소리가 빠질 때

④ 아티큘레이션
슬러나 프레이즈의 끝음을 악센트로 칠 때

레가토나 스타카토를 잘 지키고 충분히 캐릭터에 맞는 소리로 내는지

⑤ 페달
페달이 지저분할 때 (왼손 베이스 음들이 섞이지 않도록 주의)

왼손 베이스 음이 페달에 담겨야 하는데 끊어질 때

✔ 플러스 요인 → 해줄수록 좋아요!

① 음악성
아름다운 노래 표현이 가능한 학생

프레이즈 사이에서 호흡하는 것

② 테크닉
유연하게 몸과 팔을 쓰는 모습

손가락이 빠르고 고르게 잘 돌아가는 것

③ 박자와 리듬 및 아티큘레이션
아티큘레이션이 정확하고 리듬감이 좋은 학생

박의 강세를 잘 표현하는 학생

④ 소리
악상 및 캐릭터 대비 충분히 해주는 것

또랑또랑하고 울림 좋은 건강한 소리

⑤ 무대 매너
표정과 동작에서의 자신 있는 태도

긴장하지 않고 연주에 몰입도가 좋은 학생

편저자 이종은

학력

선화예중·고 졸업

경원대 피아노과 학사 졸업

베를린 국립음대 "한스 아이슬러" 디플롬 및 최고연주자과정 졸업

사사: 신수정, 김금희, 황성엽, G. Kupfernagel, G. Sava, S. Enachescu

교육 경력

목원대 겸임교수, 한양대, 가천대, 충남대, 삼육대, 강남대 독일 바이마르 학부, 수원대 사회교육원, 공주대, 선화예중·고, 계원예중·고, 대전예술의전당 영재아카데미 강사 역임, 에듀클래식 "피아니스트 이종은의 지상레슨" 연재

연주 음원 및 음반 방송 경력

독일 코트부스 국립극장 발레 공연 "쇼팽 이미지" 전속 피아니스트

세종문화회관 귀국독주회, 예술의 전당 독주회, 독일, 프랑스, 이탈리아, 폴란드, 영국 연주

독일 브란덴부르거 심포니커, 불가리아 페스티벌 오케스트라, 프라임 필하모니 오케스트라, 모스틀리 필하모니, 베세토 필하모닉 오케스트라 등 협연

자장가, 명상, 아침을 위한 피아노, 밤을 위한 피아노, 사랑, 위로, 비오는 날 듣기 좋은 피아노, 유아를 위한 피아노, 봄, 여름, 가을, 겨울, 미소란 슈베르트 판타지 음원 및 음반 발매, 가톨릭 평화방송, 국군방송, 대전 MBC, JTBC 뉴스룸 엔딩곡, KBS 문화산책, TBS 교통방송 등 출연

그 밖의 경력

마클 대표, 음악실연자연합회 대의원, 선화 피아노 소사이어티 회원, 가천 음악 콩쿠르, 그라치아 콩쿠르, 내셔널 영 아티스트 콩쿠르, 대한예술제, 민현 음악 콩쿠르, 비엔나 콩쿠르, 에듀 클래식 콩쿠르, 영 아티스트 콩쿠르, 음 콩쿠르, 델아트 오케스트라 음악 콩쿠르, 음악교육신문 콩쿠르, 한국 모차르트 콩쿠르, KAMA 한미음악협회 국제콩쿠르 등 심사위원

유튜브

마클 Macl 피아니스트 이종은

마클 콩쿠르 & 입시 심사기준 맞춤 교육

1. 정기 콩쿠르(대전, 서울)

2. 온라인 강의(2026년 4월 오픈)

   - 콩쿠르 대상 전략

3. 전국 순회 지도교사 대상 오프라인 세미나

   - 콩쿠르 대상 전략 세미나

4. 마스터클래스 & 입시 평가회(대전, 서울)

5. 기획 연주

피아니스트 이종은 네이버 블로그

CD   아침을 위한 피아노   밤을 위한 피아노

저서   음표를 넘어서   https://smartstore.naver.com/macl

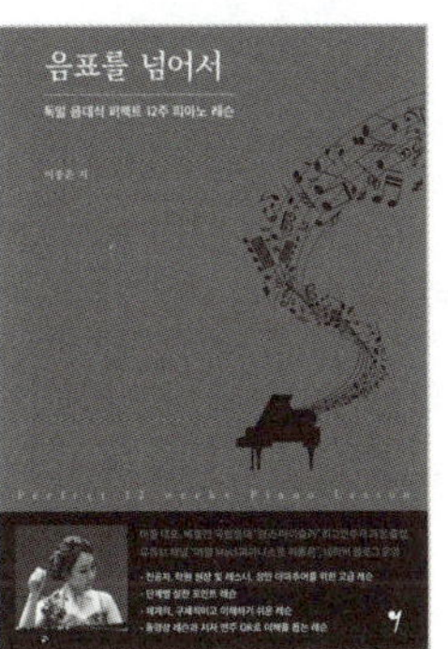

심사위원 추천

소나티나 & 콩쿠르 곡집 1

발행일 2026년 5월 8일

편저자 이종은
발행인 최우진
편집 이슬기
디자인 박경미, 이재란

발행처 그래서음악(somusic)
출판등록 2020년 6월 11일 제 2020-000060호
주소 (본사)경기도 성남시 분당구 정자일로 177
　　　(연구소)서울시 서초구 방배4동 1426
이메일 book@somusic.co.kr

ISBN 979-11-24047-19-4(94670)
　　　979-11-24047-17-0(94670) (세트)